8° F
3060.

Bibliothèque des Employés des Contributions Indirectes

I0026451

LE NOUVEAU

RÉGIME DES BIÈRES

Extrait de la loi de finances du 30 mai 1899

Décret du 30 mai 1899

Circulaire n° 340 du 31 mai 1899

n° 143
1899

POITIERS

LIBRAIRIE ADMINISTRATIVE P. OUDIN

4, RUE DE L'ÉPERON, 4

EN VENTE

A LA LIBRAIRIE ADMINISTRATIVE P. OUDIN
Rue de l'Éperon, 4, à Poitiers

Le Nouveau Régime des Bières

Loi de finances et décret du 30 mai 1899
Circulaire nº 340 du 31 mai 1899

Une brochure grand in-8º, *franco* . . . . **1 fr. 25**

PORTATIF Nº 58

Pour la Tenue des Comptes dans les Brasseries

Registre à 100 feuillets.	**2 25**		Registre à 250 feuillets.	**4 75**	
—	150	—	**3** »	— 300 —	**5 50**
—	200	—	**3 90**	Ces Registres sont solidement cartonnés	

Ces mêmes Registres peuvent être livrés avec une reliure pleine toile, moyennant une augmentation de **50** centimes par registre.

Ajouter aux prix ci-dessus, **60** centimes pour recevoir *franco* en gare ; **85** centimes à domicile. — Expédition *franco* aux prix indiqués, à partir de **50** francs.

DÉCLARATIONS de FABRICATION

POUR BRASSEURS

Le 100, **2 fr. 50** ; les 500, **10 fr.** ; le 1000, **15 fr.**, *franco* en gare indiquée. Ajouter **25** centimes pour recevoir à domicile.

Il serait fait une réduction sur le prix de 15 francs pour commandes importantes

DENSIMÈTRES POUR BRASSERIES, OUVRAGES ET INSTRUMENTS DIVERS

Le Catalogue spécial est expédié franco sur demande affranchie.

Bibliothèque des Employés des Contributions Indirectes

LE NOUVEAU

RÉGIME DES BIÈRES

Extrait de la loi de finances du 30 mai 1899

Décret du 30 mai 1899

Circulaire n° 340 du 31 mai 1899

—·o·—

POITIERS

LIBRAIRIE ADMINISTRATIVE P. OUDIN

4, RUE DE L'ÉPERON, 4

Pièce

8°F

3060

LE NOUVEAU
RÉGIME DES BIÈRES

EXTRAIT DE LA LOI DU 30 MAI 1899

. . . .

Art. 6. — Le droit de fabrication sur les bières tel qu'il est établi par la législation en vigueur est supprimé. Il est remplacé par un droit, en principal et décimes, de 50 centimes par degré-hectolitre de moût, c'est-à-dire par hectolitre de moût et par degré du densimètre au-dessus de 100 (densité de l'eau), reconnu à la température de 15 degrés centigrades ; les fractions au-dessous d'un dixième de degré sont négligées.

Si le produit de l'impôt des bières réalisé pendant les douze premiers mois de la mise en exécution de la présente loi était inférieur ou supérieur à la somme de vingt-sept millions quatre cent vingt mille francs (27,420,000 fr.), le tarif fixé ci-dessus serait relevé ou abaissé au taux qui, appliqué au nombre de degrés-hectolitres constatés pendant cette première période de douze mois, aurait été reconnu nécessaire pour assurer une perception au moins égale à ladite somme de 27,420,000 fr.

Ce taux serait rendu applicable par un décret qui, inséré au *Journal officiel*, serait obligatoire dans les délais de promulgation.

Art. 7. — Sauf le cas prévu à l'article 11, il ne peut être fait usage, pour la fabrication de la bière, que de chaudières de 8 hectolitres et au-dessus. Il est défendu de se servir de chaudières non fixées à demeure.

Art. 8. — Les brasseurs et les distillateurs de profession sont soumis, tant de jour que de nuit, même en cas d'inactivité de leurs établissements, aux visites et vérifications des employés de la régie et de l'octroi et tenus de leur ouvrir à toute réquisition leurs maisons, brasseries, ateliers, magasins, caves et celliers.

Toutefois, quand les usines ne sont pas en activité, les employés ne peuvent pénétrer pendant la nuit chez les brasseurs ou distillateurs de profession qui ont fait apposer des scellés sur leurs appareils, ni chez les distillateurs qui auront adopté un système de distillation en vase clos agréé par l'administration ou qui, pendant le travail, muniront leur appareil de distillation d'un compteur agréé et vérifié par l'administration.

Les appareils ne peuvent être descellés qu'en présence des employés de la régie et qu'après que l'industriel a fait une déclaration de fabrication.

Les scellés peuvent cependant être enlevés par l'industriel, en l'absence des employés, dans des conditions que déterminera le décret prévu par l'article 14.

Toute communication intérieure entre la brasserie et les bâtiments non occupés par le brasseur ou ceux dans lesquels l'industriel se livre à la fabrication ou au commerce des substances saccharifères (mélasses, glucoses, maltose, maltine, etc., sucs végétaux ou toute autre substance sucrée analogue) est interdite et doit être supprimée.

Art. 9. — Si le nombre total des degrés-hectolitres, applicable à l'ensemble des chaudières ou appareils à houblonner déclarés pour le brassin, dépasse le dixième de la quantité déclarée conformément à l'article 14, l'excédent est soumis en totalité :

1° Au double du droit fixé par l'article 6 de la présente loi, s'il est compris entre 10 et 15 p. 100 de la quantité déclarée ;

2° Au droit de cinq francs (5 fr.) par degré-hectolitre au-dessus de 15 et jusqu'à 20 p. 100 inclusivement de la même quantité.

Un excédent de plus de 20 p. 100 à la quantité déclarée suppose une déclaration frauduleuse ; dans ce cas, la totalité des quantités reconnues est imposable au droit de cinq francs (5 fr.) par degré-hectolitre.

Art. 10. — A l'exception des excédents de trempes qui font l'objet du décret prévu par l'article 14 ci-après, toute quantité de moût trouvée en dehors des chaudières à houblonner après l'heure déclarée pour la fin de la rentrée définitive des trempes dans ces chaudières est considérée comme ayant été frauduleusement soustraite à la prise en charge et soumise au droit de cinq francs (5 fr.) par degré-hectolitre, sans préjudice de l'amende édictée par l'article 16.

Art. 11. — Les propriétaires ou fermiers peuvent, sans payer de droits, fabriquer la bière exclusivement destinée à la consommation de leur maison, à condition :

1º De n'employer que des matières provenant de leur récolte ;

2º De faire une déclaration à la régie pour chaque brassin ;

3º De se servir d'une chaudière fixée ou non fixée à demeure, mais d'une contenance inférieure à 5 hectolitres.

La sortie des bières de la maison où elles ont été fabriquées ainsi en franchise est formellement interdite.

Les particuliers, collèges, maisons d'instruction et autres établissements publics sont assujettis aux mêmes taxes que les brasseurs de profession et tenus aux mêmes obligations.

Toutefois, les particuliers et les établissements spécifiés ci-dessus qui n'emploient que des chaudières d'une capacité inférieure à 8 hectolitres sont dispensés de fixer ces chaudières à demeure ; ils sont, en outre, exonérés du payement de la licence.

Les brasseries ambulantes sont interdites.

Art. 12. — Le droit de fabrication est restitué sur les bières expédiées à l'étranger ou pour les colonies françaises.

Ce droit est calculé, par degré-hectolitre, d'après le tarif fixé à l'article 6 de la présente loi, en remontant à la densité originelle des moûts des bières exportées.

Art. 13. — Les contestations relatives à la densité des moûts et, en cas d'exportation, à la densité originelle des moûts des bières exportées, sont déférées aux commissaires experts institués par l'article 19 de la loi du 27 juillet 1822 et par la loi du 7 mai 1881.

Art. 14. — Un décret déterminera les obligations complémentaires et de détail, ainsi que les déclarations auxquelles sont tenus les brasseurs. Il fixera notamment :

1º Le mode de payement des droits ;

2º Les conditions d'agencement et d'installation des établissements et des chaudières à cuire et à houblonner ;

3º Les dispositions à prendre pour déterminer le volume et la densité des moûts, ainsi que le nombre minimum des degrés-hectolitres à imposer par brassin, le mode de reconnaissance des brassins et la période pendant laquelle cette reconnaissance pourra être effectuée ;

4º Les prescriptions à remplir par les brasseurs :

a) Pour être exemptés des visites de nuit ;

b) Pour obtenir la restitution du droit de fabrication sur les bières exportées ;

5º Les conditions auxquelles seront subordonnés l'introduction et l'emploi en brasserie des mélasses, glucoses, maltose, maltine, sucs végétaux et autres substances sucrées analogues, les bases d'imposition des produits régulièrement employés et des manquants constatés.

Un décret déterminera également les mesures d'exécution de l'article 8 en ce qui concerne les distillateurs et bouilleurs de profession.

Art. 15. — Les actes réguliers inscrits au portatif des bières tenu par les employés des contributions indirectes sont valables même lorsqu'ils ne sont signés que par un seul agent.

Art. 16. — L'emploi d'appareils clandestins, soit pour la saccharification, soit pour la cuisson des moûts, l'existence de tuyaux ou conduits dissimulés et non déclarés, sont punis d'une amende de trois mille à dix mille francs (3,000 à 10,000 fr.).

En cas de récidive, l'amende est portée au double, et l'usine pourra être fermée pendant une période de six mois à un an.

Les autres infractions aux dispositions des articles 7 à 13 de la présente loi, et du décret qui sera rendu pour son exécution, sont punies d'une amende de mille francs (1.000 fr.), sans préjudice du payement des droits fraudés.

L'article 19 de la loi du 29 mars 1897, relatif à l'admission des circonstances atténuantes, n'est applicable qu'aux dispositions du paragraphe qui précède.

Art. 17. — Les articles 107 et 110 à 137 de la loi du 28 avril 1816, 4 de la loi du 23 juillet 1820, 8 de la loi du 1er mai 1822, 23 du décret du 17 mars 1852 et 4 de la loi du 1er septembre 1871 sont abrogés.

. . . .

. . . .

DÉCRET DU 30 MAI 1899

Le Président de la République française,
Sur le rapport du ministre des finances,
Vu l'article 14 de la loi du 30 mai 1899 ainsi conçu :

« Un décret déterminera les obligations complémentaires et de détail, ainsi que les déclarations auxquelles sont tenus les brasseurs. Il fixera notamment :

« 1° Le mode de payement des droits ;

« 2° Les conditions d'agencement et d'installation des établissements et des chaudières à cuire et à houblonner ;

3° Les dispositions à prendre pour déterminer le volume et la densité des moûts, ainsi que le nombre minimum de degrés-hectolitres à imposer par brassin, le mode de reconnaissance des brassins et la période pendant laquelle cette reconnaissance pourra être effectuée ;

« 4° Les prescriptions à remplir par les brasseurs :

« a) Pour être exemptés des visites de nuit ;

« b) Pour obtenir la restitution du droit de fabrication sur les bières exportées ;

« 5° Les conditions auxquelles seront subordonnés l'introduction et l'emploi en brasserie des mélasses, glucoses, maltose, maltine, sucs végétaux et autres substances sucrées analogues, les bases d'imposition des produits régulièrement employés et des manquants constatés »,

Décrète :

Art. 1er. — Les brasseurs de profession sont tenus de faire apposer au-dessus de l'entrée principale de chacun de leurs établissements une enseigne sur laquelle est inscrit, en caractères apparents, le mot « Brasserie ».

Quinze jours au moins avant de commencer leur travail, ils devront faire, au bureau de la régie, une déclaration comportant l'indication du lieu où est situé leur établissement. Cette déclaration mentionnera en outre la contenance de leurs chaudières (hausses fixes comprises), bacs, cuves et vaisseaux à demeure de toute nature.

Art. 2. — Les brasseurs fourniront l'eau, les ustensiles et les ouvriers nécessaires pour vérifier par empotement la contenance de ces divers vaisseaux. Cette vérification sera faite en leur présence par les employés de la régie, qui dresseront procès-verbal du résultat de l'épalement. Elle ne pourra être empêchée par aucun obstacle du fait des brasseurs. Elle pourra être faite à nouveau toutes les fois que le service le jugera utile.

Sont compris dans l'épalement des chaudières les hausses et couvercles fixes à demeure sur ces vaisseaux jusqu'au niveau d'écoulement.

Les brasseurs sont autorisés à se servir de hausses ou de couvercles mobiles qui ne sont point compris dans l'épalement, pourvu qu'ils ne soient placés sur les chaudières qu'au moment de l'ébullition de la bière et qu'on ne se serve point de mastic ou autres matières pour les luter, les soutenir ou les élever.

Les hausses mobiles ne devront pas avoir plus de 1 décimètre de hauteur.

Art. 3. — Les chaudières, tous les bacs et cuves ou vaisseaux à demeure de toute nature reçoivent un numéro d'ordre avec l'indication de leur contenance en litres et de leur destination.

Dans les dix jours qui suivent la signature du procès-verbal d'épalement, ces indications sont peintes à l'huile, soit sur le récipient, soit sur une plaque fixée à proximité, en caractères ayant au moins 5 centimètres de hauteur, par les soins et aux frais du brasseur.

Art. 4. — Il est interdit de changer, modifier ou altérer la contenance des chaudières, cuves et bacs ou d'en établir de nouveaux sans en avoir fait par écrit la déclaration à l'avance, et de faire usage desdits appareils et récipients avant que leur contenance ait été vérifiée par le service de la régie.

Le service peut, en tout temps, faire procéder à la recherche des tuyaux, pompes, élévateurs, conduits et récipients clandestins. Si cette recherche a occasionné des dégâts et si elle n'amène aucun résultat, les dégâts seront réparés aux frais du Trésor.

Les brasseurs sont tenus : 1° de ménager un accès facile et direct de la porte de l'usine aux appareils de saccharification, cuves-matières, chaudières de cuisson, bâches, bacs rafraîchissoirs et autres vaisseaux analogues, y compris ceux destinés au chauffage de l'eau ; 2° de disposer ces divers vaisseaux de telle sorte que les employés puissent en tout temps y prendre des échantillons soit par un robinet de vidange, soit de toute autre manière agréée par la régie ; 3° de faciliter l'accès de la partie supérieure des chaudières par l'installation d'escaliers ou d'échelles solides, commodes et fixées à demeure ; 4° de placer dans la salle des chaudières à houblonner, à un endroit accessible et convenablement éclairé, une boîte formant tablette à l'usage des agents de l'Administration ; les ampliations des déclarations y seront conservées jusqu'à la fin de la période de reconnaissance légale.

Art. 5. — Les tuyaux, pompes, élévateurs, conduits et caniveaux dans lesquels circulent les moûts, doivent être installés dans des conditions telles qu'on en puisse suivre de l'œil tout le parcours.

Un numéro d'ordre est donné à chacun de ces tuyaux, pompes, etc. Ce numéro d'ordre doit être peint ou poinçonné d'une manière très apparente auprès de chaque point de raccord.

Aucune ouverture ne doit être pratiquée aux tuyaux, pompes, etc., mentionnés au présent article, sans que la déclaration en ait préalablement fait la déclaration à la recette buraliste.

Le brasseur est tenu de remettre, en double expédition, une déclaration indiquant pour chacun des tuyaux, pompes, élévateurs, conduits et caniveaux visés ci-dessus, son numéro d'ordre, sa longueur, son point de départ et son point d'arrivée, sa contenance approximative et l'usage auquel il est affecté.

Pour les établissements déjà en exploitation, cette déclaration est remise au chef du service local de la régie, dans le délai d'un mois à partir de la promulgation du présent décret.

Pour les établissements nouveaux, la déclaration sera remise à la recette buraliste en même temps que la déclaration de profession prescrite par l'article premier précédent.

Les changements ultérieurs seront déclarés vingt-quatre heures à l'avance et feront l'objet d'une note descriptive qui sera remise en double expédition, en même temps que la déclaration relative à ces modifications.

Art. 6. — Chaque chaudière à cuire et à houblonner doit être pourvue soit d'un bâton de jauge gradué, soit d'un indicateur avec un tube en verre d'un diamètre intérieur d'au moins 2 centimètres, accessible sur toute sa longueur et disposé de manière à présenter extérieurement le niveau du liquide.

Le tube indicateur est muni, à sa partie inférieure, de robinets et d'ajutages permettant d'en renouveler le contenu.

Les chaudières où il est fait usage d'un bâton de jauge doivent être munies intérieurement de deux anneaux métalliques rigides fixés à demeure, placés verticalement l'un au-dessus de l'autre et distants d'une longueur au moins égale à la moitié de la hauteur de la chaudière. Un troisième point fixe sera disposé extérieurement sur la même ligne verticale, de manière à assurer le repérage exact du bâton de jauge.

Le bâton de jauge doit avoir une longueur telle qu'il dépasse d'au moins 1 décimètre le point de repère placé en dehors de la chaudière ; il porte, gravé d'une manière indélébile, le numéro de la chaudière à laquelle il appartient. Il est muni à son extrémité inférieure d'une garniture en cuivre, et gradué sur toute la hauteur de la chaudière.

L'échelle de graduation du tube de niveau ou du bâton de jauge est établie d'un côté par décimètres et centimètres, d'un autre côté par hectolitres, d'après les résultats du jaugeage par empotement.

L'agencement des tubes, robinets, ajutages, jauges graduées, devra être agréé par l'administration. Il est interdit d'y apporter aucune modification de nature à en fausser les indications. Le brasseur est tenu de les entretenir en bon état de fonctionnement et de propreté.

Un délai de deux mois à compter du jour de la mise en application de la loi du 30 mai 1899 est accordé aux brasseurs pour faire agréer les installations définitives de mesurage exigées par le présent article. Jusqu'à ce que ces installations aient été agréées, les brasseurs seront tenus de fournir aux employés les instruments nécessaires pour leur permettre de reconnaître facilement le vide des chaudières à toutes les périodes de la cuisson.

Art. 7. — Les brasseurs sont tenus de fournir le matériel (bascules ordinaires, balances, poids, etc.), ainsi que les ouvriers nécessaires pour que les agents de l'Administration puissent vérifier le poids des matières entrant dans la confection des métiers de chaque brassin.

Un bâton de jauge en bois, gradué en centimètres et muni à sa partie inférieure d'une garniture métallique, doit être également mis par les brasseurs à la disposition des employés pour déterminer le volume occupé par les métiers ou les moûts dans les vaisseaux autres que les chaudières à cuire ou à houblonner, avant la fin de la période de reconnaissance.

Le bâton de jauge doit avoir une longueur telle qu'il dépasse de 10 centimètres au moins le bord supérieur du vaisseau le plus profond.

Art. 8. — Pour être affranchi des visites de nuit pendant les périodes d'inactivité de son usine, le brasseur devra mettre hors d'usage tous les appareils, cuves-matières ou autres pouvant servir à la saccharification, et tous vaisseaux, chaudières, bâches, etc., susceptibles d'être chauffés soit à feu nu, soit par la vapeur.

La mise hors d'usage sera obtenue :

1° En ce qui concerne les vaisseaux pouvant servir à la saccharification, par l'apposition de couvercles en métal ou en bois pouvant être fermés par des plombs, et par l'apposition de scellés sur les robinets adaptés auxdits vaisseaux ;

2° En ce qui concerne les récipients susceptibles d'être chauffés :

a) Si le chauffage est à feu nu, en disposant la porte du foyer placé sous chacun d'eux de façon qu'elle puisse être maintenue fermée par un plomb ;

b) Si le chauffage se fait à la vapeur, en scellant les robinets d'adduction de la vapeur agencés à cet effet.

Le mode de scellement devra être agréé par le service des contributions indirectes.

S'il comporte l'usage de boulons, ceux-ci devront être rivés.

Les robinets qui doivent recevoir un scellé seront tenus à l'abri de toute atteinte, à l'intérieur d'une boîte fermée par un plomb.

Le service pourra, en outre, s'il le juge convenable, apposer à l'intérieur des vaisseaux, des scellés composés de matières solubles ou fusibles.

L'apposition des scellés sera réclamée, soit par la déclaration de fabrication, ainsi qu'il est dit à l'article 9 ci-après, soit par une déclaration spéciale déposée à la recette buraliste de la résidence des employés qui exercent l'établissement.

Il sera remis au brasseur une ampliation de l'enregistrement de sa déclaration spéciale.

Le brasseur qui aura fait régulièrement la déclaration ci-dessus n'aura pas à souffrir les visites de nuit à partir du jour qui suivra celui où sa déclaration aura été déposée, alors même que les scellés n'auraient pas encore été apposés par le service.

Art. 9. — Le brasseur ne pourra pas desceller ses appareils, cuves et chaudières.

Toutefois si, une heure après celle fixée par lui soit pour la reprise du travail dans ses déclarations ordinaires de fabrication, soit pour la mise de feu visée à l'article 11 suivant, le service n'est pas intervenu pour rompre les scellés, le brasseur pourra les briser, sauf à remettre les plombs aux employés au cours de leur plus prochaine visite.

Quand, après la clôture de la fabrication en cours, le brasseur désirera faire replacer ses appareils sous scellés, il l'indiquera dans la déclaration qui fait l'objet de l'article 10 du présent décret.

Le service pourra, dans ce cas, apposer les scellés aussitôt après l'heure fixée pour la fin du déchargement des chaudières de cuisson.

Art. 10. — Chaque fois qu'ils voudront se livrer à la fabrication de la bière, les brasseurs seront tenus de déclarer à la recette buraliste :

1° Les numéros des cuves-matières et vaisseaux assimilés ou autres appareils dans lesquels la saccharification doit être opérée, ainsi que l'heure du versement des matières premières dans ces vaisseaux ;

2° Le numéro et la contenance de chacune des chaudières qu'ils veulent employer ainsi que l'heure de la mise de feu sous chacune d'elles ou de l'introduction de la vapeur dans les serpentins de chauffe ;

3° Le nombre de degrés-hectolitres qu'ils entendent produire, sans que ce nombre puisse être inférieur à deux fois le volume total des chaudières ou appareils à houblonner déclarés pour le brassin ;

4° L'heure du commencement et celle de la fin de la rentrée définitive de toutes les trempes dans les chaudières à cuire et à houblonner ;

5° L'heure du commencement et celle de la fin du déchargement de chacune des chaudières.

Le préposé qui a reçu une déclaration en remet une ampliation signée de lui au brasseur, lequel est tenu de la représenter à toute réquisition des employés pendant la durée de la fabrication.

La déclaration prescrite par le présent article doit être faite douze heures à l'avance au moins dans les localités où résident les employés chargés de l'exercice de l'usine, et l'avant-veille à quatre heures du soir au plus tard partout ailleurs. Toutefois, ce dernier délai sera réduit à douze heures lorsque le brasseur fera déposer sa déclaration à la recette buraliste de la résidence des employés et un duplicata de cette même déclaration au bureau dans la circonscription duquel la brasserie est situé ».

Art. 11. — Le chauffage de l'eau dans une chaudière ou bâche, en dehors des périodes de fabrication, peut être autorisé, moyennant une déclaration faite dans les conditions spécifiées à l'article précédent, pourvu que cette eau ne soit utilisée qu'au lavage des ustensiles de la brasserie.

Si, après avoir fait usage de ce vaisseau, le brasseur veut le replacer sous scellé, il en fera mention dans sa déclaration.

Art. 12. — Les moûts produits sont sous le contrôle de la régie dès leur apparition. Aucune quantité de ces moûts ne peut être séparée de la fabrication en cours ; la présence de moûts dans des vaisseaux autres que ceux inscrits à la déclaration prévue par l'article 10 serait constatée par procès-verbal, et les quantités reconnues comprises dans le produit du brassin pour la liquidation des droits.

La reconnaissance du nombre de degrés-hectolitres est faite tant dans les chaudières ou appareils à houblonner que dans les bacs rafraîchissoirs.

La période légale de reconnaissance commence immédiatement après la rentrée définitive du produit des trempes dans les chaudières à cuire ou à houblonner et finit dès que les chaudières et bacs sont vidés ; si la reconnaissance a lieu sur les bacs, elle ne peut être faite qu'autant que la température des moûts n'est pas descendue au-dessous de 60 degrés centigrades. Cette période doit avoir, au minimum, une durée de trois heures avant le commencement du déchargement des chaudières ; toutefois, sur la justification de conditions spéciales de fabrication et d'une cuisson moins prolongée, ce minimum peut être abaissé, sans qu'il soit jamais inférieur à une heure et demie.

Dans tous les cas, les drêches doivent être retirées des cuves-matières avant la fin de la période de reconnaissance des moûts.

Dans les brasseries où il n'est pas fait plus d'une fabrication en vingt-quatre heures, cette période de reconnaissance de la densité des moûts doit être comprise entre huit heures du matin et huit heures du soir.

Dans celles qui fabriquent plusieurs brassins en une journée de vingt-quatre heures, la période de reconnaissance de la moitié des brassins au minimum sera comprise entre huit heures du matin et huit heures du soir.

Art. 13. — Un brassin comprend l'ensemble de tous les métiers produits par une même quantité de grains. Le produit d'un brassin peut comporter l'emploi de plusieurs chaudières.

Dans le cas où il est fait usage de plusieurs chaudières pour le même brassin, le minimum de degrés-hectolitres déclarés s'applique à l'ensemble des moûts introduits dans ces chaudières. La période légale de reconnaissance ne commence que lorsque la totalité des métiers est rentrée dans les chaudières.

Mais, qu'il soit fait emploi d'une ou plusieurs chaudières, le service peut, à partir du moment où commence la rentrée définitive des métiers, constater le nombre des degrés-hectolitres que représentent les métiers déjà rentrés. Toute diminution de plus de 2 p. 100 qui serait ultérieurement reconnue sur le nombre de degrés-hectolitres constaté dans la chaudière unique ou dans l'une

des chaudières du brassin suppose une décharge partielle et donne lieu à la rédaction d'un procès-verbal.

Le nombre de degrés-hectolitres reconnu en moins est, en outre, ajouté pour l'application des droits, aux quantités constatées pendant la période légale de reconnaissance.

Par dérogation au deuxième paragraphe du présent article, les brasseurs qui justifieront de nécessités particulières de fabrication pourront, dans les conditions que l'Administration déterminera, être admis à réclamer la reconnaissance du produit de la fabrication par chaudière séparée. Dans ce cas, chaque chaudière sera considérée, au point de vue de la déclaration de rendement et de la constatation du produit de la fabrication, comme constituant un brassin distinct.

Les opérations de fabrication faites en vertu de déclarations successives ne pourront avoir lieu qu'à la condition que chacun des appareils servant à la saccharification et à la cuisson reste vide pendant deux heures au moins.

Lorsqu'il est fabriqué simultanément plusieurs brassins, les opérations de fabrication de chaque brassin doivent rester séparées. La période légale de reconnaissance de chacun d'eux doit s'ouvrir à la même heure.

Art. 14. — Pour déterminer le volume des moûts contenus dans les chaudières à houblonner, les agents peuvent, s'il est nécessaire, faire opérer le ralentissement du feu de manière à faire cesser l'ébullition.

Dans le cas où la chaudière est munie d'un tube indicateur, ils sont autorisés à faire couler au préalable un volume de 1 hectolitre de moût qui est immédiatement reversé dans les chaudières.

Le brasseur est tenu de mettre à leur disposition en vue de leur permettre de déterminer la température des moûts, un thermomètre agréé par la régie.

Art. 15. — Un échantillon du moût est prélevé, immédiatement après la constatation du volume, pour en déterminer la densité et la température.

La prise d'essai peut se faire, soit en plongeant un puiseur spécial dans les vaisseaux, soit en se servant du tube indicateur.

Le liquide sur lequel elle est prélevée doit avoir été rendu homogène dans toute sa masse, soit par une ébullition prolongée, soit par un brassage que l'industriel est tenu, lorsqu'il en est requis, de faire opérer séance tenante.

L'échantillon est refroidi au moyen d'un appareil spécial fourni par le brasseur et agréé par la régie et propre à abaisser la température jusqu'à 15 degrés centigrades en dix minutes au plus.

La densité est constatée à cette température à l'aide du densimètre construit conformément aux dispositions du décret du 2 août 1889. Toutefois, si l'eau mise à la disposition des employés ne permet pas d'atteindre exactement 15 degrés centigrades, la constatation peut être faite entre 10 et 25 degrés. Mais, dans ce cas, les corrections indiquées au tableau annexé au présent décret sont opérées sur la densité trouvée.

Art. 16. — Sur le volume constaté dans les conditions fixées par l'article 14 ci-dessus, il est accordé pour tenir compte de la dilatation des moûts dont la température est supérieure à 30 degrés, une déduction de :

0.5 p. 100 pour les liquides vérifiés à une température comprise entre 31 et 40 degrés inclusivement ;

0.9 p. 100 pour ceux reconnus entre 41 et 50 degrés ;

1.3 p. 100 pour ceux reconnus entre 51 et 60 degrés ;

1.8 p. 100 pour ceux reconnus entre 61 et 70 degrés ;
2.4 p. 100 pour ceux reconnus entre 71 et 80 degrés ;
3.2 p. 100 pour ceux reconnus entre 81 et 90 degrés ;
4 p. 100 pour ceux reconnus entre 91 et 100 degrés ;
6 p. 100 lorsque la température est supérieure à 100 degrés.

Il n'est opéré aucune déduction pour tenir compte du volume occupé par le houblon.

Le houblon ne pourra pas être enlevé avant le léchargement de la chaudière.

Art. 17. — Si, en cas de force majeure, soit avant, soit pendant le cours des opérations de la fabrication, celle-ci doit être ajournée, le brasseur rapporte, immédiatement après l'accident, l'ampliation à la recette buraliste, en indiquant les motifs et la durée probable de l'interruption.

Il prévient, en outre, télégraphiquement ou par exprès les employés en leur fournissant les mêmes indications.

Si l'interruption ne doit pas se prolonger au delà de deux heures, il se borne à en mentionner la cause et la durée au dos de l'ampliation de la déclaration de fabrication. Les délais fixés à cette déclaration sont prorogés d'un temps égal à la durée de l'interruption.

Art. 18. — Après l'heure fixée pour la fin de la rentrée des métiers dans les chaudières de cuisson, tous les robinets de vidange des appareils de saccharification seront couverts et les moûts pourront être versés à l'égout ou évacués à perte en présence des employés, pourvu qu'ils n'aient pas une densité supérieure à 2 degrés et que le nombre de degrés-hectolitres qu'ils représentent n'excède pas 5 p. 100 du rendement déclaré.

Si ces conditions ne sont pas remplies, les moûts dont il s'agit entrent dans la détermination du nombre total des degrés-hectolitres passibles de l'impôt. Le brasseur peut alors les introduire dans ses chaudières de cuisson jusqu'à concurrence du vide qui y existe. Le surplus est immédiatement versé à l'égout ou évacué à perte en présence des employés.

Art. 19. — Aucune quantité de mélasses, de glucoses, de maltose, de maltine, de sucs végétaux ou de toute autre substance sucrée analogue, ne peut être introduite dans une brasserie ou dans ses dépendances sans être accompagnée d'un acquit-à-caution.

Les quantités introduites devront être placées, au choix du brasseur, soit dans un magasin spécial, soit dans un ou plusieurs récipients préalablement déclarés pour cet usage.

Lorsque le brasseur veut employer des mélasses, glucoses, maltose, maltine, sucs végétaux ou autres substances sucrées analogues, il doit compléter la déclaration portée à l'article 10 précédent par les indications suivantes :

1° Quantités de matières énumérées ci-dessus dont il veut faire emploi ;

2° Date et heure à partir desquelles ces matières seront incorporées aux moûts de bière, et indication du numéro des chaudières dans lesquelles se fera le versement.

Le brasseur est tenu de déposer isolément à proximité de la chaudière où ils seront versés les mélasses, glucoses, maltose, etc., qu'il veut employer, et cela une heure au moins avant le moment fixé pour leur introduction en chaudière.

Les employés sont autorisés à en vérifier la quantité et l'espèce, et le brasseur est tenu de fournir sur réquisition les balances, les poids et ouvriers nécessaires pour cette vérification.

Si les employés se présentent moins d'une heure avant celle fixée pour l'emploi des matières, ils peuvent exiger que l'opération de versement soit immédiatement commencée pour se continuer sans désemparer.

Art. 20. — Il ne pourra être fait emploi des matières visées à l'article précédent dans la fabrication de la bière :

1° Qu'après que le service aura reconnu la densité des moûts de bière ou, à défaut, que pendant la dernière demi-heure qui s'écoulera avant le moment fixé pour le déchargement de la dernière chaudière du brassin ;

2° Qu'après que les drèches auront été enlevées des appareils de saccharification.

Le minimum fixé par le troisième paragraphe de l'article 12 du présent décret pour la durée de la période légale de reconnaissance sera accru d'une demi-heure.

Le nombre de degrés-hectolitres reconnu après l'incorporation des mélasses, glucoses, etc., aux moûts de bière, sera diminué du nombre de degrés-hectolitres résultant de l'emploi des mélasses, glucoses, maltose, maltine, etc., pour le calcul des degrés-hectolitres produits par le malt et l'application des dispositions de l'article 9 de la loi du 30 mai 1899.

Toute quantité employée sera imposée au tarif fixé par l'article 6 de la loi du 30 mai 1899 pour le nombre de degrés-hectolitres correspondant au rendement de chaque matière.

Ce rendement est fixé :

1° A 32 degrés-hectolitres par 100 kilogrammes de mélasses ;

2° A 30 degrés-hectolitres par 100 kilogrammes de glucoses.

Cette fixation, faite à titre provisoire, sera, s'il y a lieu, revisée par décret rendu sur le rapport du ministre des finances après avis du comité consultatif des arts et manufactures.

Le service déterminera la valeur en degrés-hectolitres des autres matières lors de leur introduction en brasserie ; le brasseur sera tenu de fournir la balance et l'éprouvette jaugée nécessaires.

Un arrêté ministériel rendu après avis du comité consultatif des arts et manufactures fixera la marche à suivre pour cette détermination.

En cas de contestation sur les résultats des opérations effectuées par le service, on recourra à l'expertise légale instituée par les lois des 27 juillet 1822 et 7 mai 1881.

Art. 21. — Les mélasses, glucoses, maltose, maltine, sucs végétaux ou substances sucrées analogues introduits dans les brasseries doivent être représentés aux employés lors de leurs vérifications. Ils sont pris en charge à un compte spécial qui est tenu par les employés de la régie.

Ce compte est successivement déchargé des quantités employées à la fabrication des bières.

Les employés peuvent arrêter la situation des restes et opérer la balance du compte aussi souvent qu'ils le jugent nécessaire.

Le brasseur est tenu de fournir les ouvriers, les balances et les poids nécessaires pour opérer ces vérifications.

Les manquants constatés à ce compte seront imposés pour le double de leur poids, d'après les bases de rendement fixées à l'article précédent.

Par application de l'article 23 de la loi du 19 juillet 1880, les glucoses employés à la fabrication de la bière continueront à être affranchies du droit de 13 fr. 50 afférent aux produits de l'espèce.

Il ne peut être admis en brasserie que des mélasses provenant de sucres libérés d'impôt.

Art. 22. — Les brasseurs peuvent avoir un registre, coté et paraphé par le juge de paix, sur lequel les employés consignent le résultat des actes inscrits à leurs portatifs.

Art. 23. — Les brasseurs ont avec la régie des contributions indirectes, pour les droits constatés à leur charge, un compte ouvert qui est réglé et soldé à la fin de chaque mois.

Le décompte des droits est calculé sur la quantité déclarée, en exécution de l'article 10 du présent décret, et sur les excédents supérieurs à 10 p. 100, d'après les bases déterminées par l'article 9 de ladite loi.

Les sommes dues peuvent être payées en obligations cautionnées à quatre mois de date, conformément aux dispositions de la loi du 15 fév. 1875.

Art. 24. — Tout brasseur qui veut exporter des bières avec le bénéfice de la restitution du droit de fabrication est tenu d'en faire la déclaration à la recette buraliste.

Aucune expédition de bières destinées à l'exportation ne peut être faite hors de la présence des agents des contributions indirectes.

Au jour et à l'heure indiqués par ceux-ci, les vases et vaisseaux contenant les bières à exporter doivent être réunis au même endroit et complètement séparés des autres récipients de la brasserie.

Le brasseur est tenu d'effectuer, au préalable, toutes les opérations préliminaires qui peuvent être faites hors la présence des employés, afin que ceux-ci puissent immédiatement procéder aux reconnaissances et au scellement dont il est question ci-après.

Art. 25. — Les employés prélèvent sur les bières à exporter, contradictoirement avec le brasseur ou son représentant, une quantité suffisante pour constituer trois échantillons de un litre chacun environ.

Les bouteilles renfermant les échantillons sont revêtues du double cachet de la régie et du déclarant.

Tous les frais qu'entraîne ce prélèvement sont à la charge de l'exportateur.

Art. 26. — L'un des échantillons est transmis, par les soins du service et aux frais du déclarant, au laboratoire du ministère des finances, pour que la densité originelle en soit constatée, à moins que le service ne soit en mesure d'effectuer cette constatation sur place.

Le second échantillon est conservé par les agents pour être transmis, en cas de contestation, aux commissaires experts institués par les lois du 27 juillet 1822 et du 7 mai 1881.

Le troisième échantillon est remis au brasseur.

Un arrêté ministériel, rendu après avis du comité consultatif des arts et manufactures, déterminera la marche à suivre pour reconstituer la densité originelle, à l'état de moût, des bières présentées à l'exportation.

Art. 27. — Aussitôt après le prélèvement des échantillons, il est procédé au scellement des caisses, paniers, fûts et autres récipients dans des conditions qui devront être agréées par l'Administration.

La cire est fournie par le brasseur, qui rembourse également les frais de plombage à raison de 10 centimes par plomb apposé.

Le service complète ensuite l'acquit-à-caution levé préalablement à la recette buraliste par les indications suivantes :

1° Heure de l'enlèvement du chargement ;

2° Nombre, numéro et marque distinctive de chacun des colis à exporter ;

3° Empreintes figurant sur les cachets ou plombs.

Le chargement doit être conduit directement au point de sortie dans le délai fixé pour le transport.

Art. 28. — A l'arrivée du chargement au point de sortie, l'acquit-à-caution est remis aux agents des douanes.

Ceux-ci s'assurent que le scellement des colis est intact. Ils peuvent, s'ils le jugent nécessaire, prélever des échantillons pour les soumettre à une analyse de contrôle.

Sur la représentation au service des contributions indirectes du point de départ de l'acquit-à-caution dûment déchargé par le service qui a constaté le passage des bières à l'étranger, le décompte des droits à restituer est établi d'après le volume et la densité originelle de ces bières à l'état de moût.

La somme revenant à l'exportateur lui est payée après ordonnancement de la dépense.

Art. 29. — Les bières fabriquées en vertu de déclarations reçues et enregistrées avant la date de la mise en application de la loi du 30 mai 1899 resteront soumises au mode d'imposition et au tarif en vigueur au moment où cette déclaration a été reçue.

Les produits visés à l'article 19 du présent décret qui se trouveront en la possession des brasseurs au moment de la mise en vigueur de la loi du 30 mai 1899 seront déclarés et pris en charge au compte prévu par l'article 21 précédent.

Art. 30. — Le ministre des finances est chargé de l'exécution du présent décret, qui sera inséré au *Journal officiel* et au *Bulletin des lois*.

Fait à Paris, le 30 mai 1899.

—

Tableau indiquant les corrections à faire subir, conformément aux dispositions de l'article 15 du décret du 30 mai 1899, à la densité des moûts lorsque leur température est comprise entre 10 et 25 degrés centigrades.

Lorsque la température des moûts est supérieure à 15°.		Lorsque la température des moûts est inférieure à 15°.	
Température.	La densité doit être augmentée de	Température.	La densité doit être diminuée de
16°. . . .	0.01	14°. . . .	0.01
17°. . . .	0.03	13°. . . .	0.02
18°. . . .	0.05	12°. . . .	0.03
19°. . . .	0.07	11°. . . .	0.04
20°. . . .	0.09	10°. . . .	0.05
21°. . . .	0.11		
22°. . . .	0.13		
23°. . . .	0.15		
24°. . . .	0.17		
25°. . . .	0.19		

CIRCULAIRE N° 340, DU 31 MAI 1899

Depuis quelques années le régime fiscal des bières était l'objet de nombreuses critiques. Les industriels lui reprochaient de se prêter difficilement à l'emploi en brasserie des méthodes perfectionnées de fabrication, de fausser les conditions de la concurrence entre producteurs en n'assurant plus la rentrée intégrale des droits exigibles; et, malgré la distinction légale entre la bière forte et la petite bière, de manquer en fait de proportionnalité dans l'application du tarif.

Organisé par la loi du 28 avril 1816, ce régime a, pendant longtemps, pu sauvegarder les intérêts du Trésor et ceux de l'industrie ; mais il s'adaptait à un mode de travail qui a été l'objet de profondes modifications. Son insuffisance s'est révélée dès 1852 et l'Administration s'est trouvée dans la nécessité de régler, par voie de concessions extra-légales, les conditions d'exercice applicables à chacune des nombreuses méthodes particulières de fabrication en usage dans les brasseries. Cette insuffisance s'est surtout accentuée lorsque l'industrie a voulu mettre à profit les savants travaux de Pasteur sur la saccharification des matières amylacées et la culture des ferments dans les dissolutions sucrées.

C'est ainsi que l'Administration a été amenée, après avoir entendu les intéressés, à préparer un projet de réforme de l'impôt qui, en dernier lieu et sur la proposition du Gouvernement, a été incorporé à la loi de finances de 1899 et vient d'être adopté par le Parlement.

Publiée dans le numéro du *Journal officiel* portant la date du 31 mai et promulguée télégraphiquement, cette loi, ainsi que le décret d'application prévu par son article 14, sont exécutoires à partir du 1er juin sur toute l'étendue du territoire.

Abrogation de l'ancienne législation.

Par son article 17, elle abroge les articles 107 et 110 à 137 de la loi du 28 avril 1816, 4 de la loi du 23 juillet 1820, 8 de la loi du 1er mai 1822, 23 du décret du 17 mars 1852 et 4 de la loi du 1er septembre 1871, de telle sorte qu'avec le décret rendu pour en régler les détails d'exécution et reproduit à la suite de la présente circulaire, elle constitue le nouveau code des brasseries.

Assiette et quotité du droit.

L'article 6 supprime l'ancienne taxe de fabrication assise sur le volume des brassins en prenant pour base d'évaluation la capacité des chaudières de cuisson, et la remplace par un droit, en principal et décimes, de 0 fr. 50 par degré-hectolitre de moût, c'est-à-dire par hectolitre de moût et par degré du densimètre au-dessus de cent (densité de l'eau), reconnu à la température de 15 degrés centigrades.

Le nombre de degrés-hectolitres imposables est le produit de la multiplication de la densité du moût par son volume.

40 h. 55 de moût à la densité de 4 degrés 4 dixièmes représentent donc (4° 4 × 40 h. 55) 178 dh. 42.

Les quantités à soumettre à l'impôt seront calculées en centièmes de degrés-hectolitres, c'est-à-dire en degrés-litres. Les fractions de 5/10 et au-dessus seront comptées pour un degré-litre ; les fractions inférieures seront négligées.

Période d'essai.

Si le produit de l'impôt des bières réalisé pendant les douze premiers mois d'application de la nouvelle loi est inférieur ou supérieur à la somme de 27,420 000 francs, à laquelle a été évalué le rendement normal dudit impôt, le tarif de 0 fr. 50 sera relevé ou abaissé au taux qui, appliqué au nombre de degrés-hectolitres dont la production aura été constatée pendant cette première période de douze mois, sera nécessaire pour assurer une perception au moins égale à ladite somme de 27.420,000 francs.

L'Administration désire, pendant cette période, suivre plus particulièrement les fluctuations du produit de l'impôt des bières. A cet effet, les chefs départementaux lui transmettront, sous le timbre de la présente et le 10 de chaque mois au plus tard, un relevé, conforme au modèle suivant, des

DÉSIGNATION des divisions administratives.	NOMBRE de degrés-hectolitres imposé								TOTAL des degrés-hecto-litres imposés	MON-TANT de l'impôt constaté en brasserie	Pour mémoire — Droit constaté pendant la période correspondante de 1898
	au droit de 0 fr. 50			au double droit		au droit de 5 francs					
	rendement déclaré.	rendement des glucoses, mélasses, etc.	excédents de 10 à 15 p. 100.	manquants sur les glucoses, mélasses, etc.	sur les excédents de 15 à 20 p. 100.	sur la totalité des brassins (excédents supérieurs à 20 p. 100).	sur le montant des décharges partielles.				
1	2	3	4	5	6	7	8	9	10	11
Totaux du mois de.										
Antérieurs. . .										
Totaux de la période d'essai.										

constatations faites mensuellement dans les brasseries.

Chaque période mensuelle comprendra les quantités et les droits afférents aux brassins fabriqués en vertu de déclarations faites du 1er au dernier jour du mois.

La durée de la période d'essai sera exactement de douze mois, c'est-à-dire qu'elle comprendra tous les brassins fabriqués en vertu de déclarations faites du 1er juin 1899 au 31 mai 1900 inclusivement, pour chaque brasserie. Le lendemain du jour où elle aura pris fin, on arrêtera les comptes de tous les brasseurs et, trois jours plus tard, les directeurs porteront à la connaissance de la Direction générale, dans la forme qui vient d'être indiquée, les résultats définitifs de la période d'essai, afin que l'Administration puisse, sans aucun retard, mettre le ministre des finances en mesure de procéder à la revision du tarif.

Le tarif revisé serait appliqué à l'expiration des délais de promulgation du décret qui l'aurait fixé.

Particuliers, collèges, maisons d'instruction et autres établissements publics fabriquant leurs bières.

Les particuliers ne brassant que pour leur consommation, les collèges, maisons d'instruction et autres établissements publics, sont assujettis au payement de la même taxe et aux mêmes obligations que les brasseurs de profession. Toutefois, ils sont dispensés de l'apposition de l'enseigne exigée des brasseurs; s'ils n'emploient que des chaudières d'une capacité inférieure à 8 hectolitres, ils peuvent ne pas les fixer à demeure et sont, en outre, exonérés de la licence.

Immunité concédée aux propriétaires et aux fermiers.

L'article 11 de la nouvelle loi dispose que les propriétaires et fermiers peuvent, sans payer d'impôt, fabriquer la bière exclusivement destinée à la consommation de leur maison, sous condition :

1° De n'employer que des matières premières provenant de leur récolte ;

2° De faire, pour chaque brassin, une déclaration à la Régie;

3° De se servir d'une chaudière fixée ou non fixée à demeure, mais d'une contenance inférieure à 5 hectolitres.

La sortie des bières de la maison où elles ont été fabriquées en franchise est formellement interdite.

Les déclarations des propriétaires et fermiers énonceront l'heure de la mise de feu, ainsi que celle de la mise en fermentation des moûts ; elles feront connaître le produit de chaque brassin ; elles seront enregistrées au modèle n° 19 et donneront lieu à la délivrance d'une ampliation et au payement du prix du timbre.

Il importe que ce nouveau privilège introduit dans la législation fiscale soit renfermé dans les étroites limites que lui a assignées le législateur et ne puisse, en aucun cas, favoriser des manœuvres abusives.

Le service aura à rechercher si les propriétaires et fermiers qui réclameront la franchise du droit mettent réellement en œuvre des grains et des houblons de leur récolte, si la capacité de leurs chaudières n'excède pas 5 hectolitres et, surtout, s'ils se mettent pas en circulation le produit de leurs brassins. Le cas échéant, il serait rapporté procès-verbal.

Brasseries ambulantes.

Les brasseries ambulantes sont interdites. (Art. 11 de la loi.)

Enseigne.

L'article 1er du décret reproduit les dispositions antérieures imposant aux brasseurs de profession l'obligation de placer au-dessus de l'entrée principale de chacun de leurs établissements une enseigne sur laquelle est inscrit, en caractères apparents, le mot : *Brasserie.*

Déclaration de profession.

Quinze jours au moins avant de commencer leur travail, les brasseurs doivent faire à la Recette buraliste dans la circonscription de laquelle se trouve placée leur usine une déclaration comportant l'indication du lieu où est situé cet établissement. Reçue au registre n° 16, cette déclaration donne ouverture au payement, au comptant, du prix de la licence.

Communications intérieures.

La loi du 28 avril 1816 proscrivait toute communication intérieure entre la brasserie et les bâtiments non occupés par le brasseur. L'article 8 de la nouvelle loi confirme cette interdiction et l'étend aux locaux dans lesquels le brasseur se livre à la fabrication ou au commerce des substances saccharifères (mélasses, glucoses, maltine, maltose, etc., sucs végétaux et toute autre substance sucrée analogue).

Les industriels dont les ateliers seraient en communication intérieure avec des locaux affectés à la fabrication ou au commerce des succédanés du malt ou avec des bâtiments qui ne seraient point utilisés par eux auront à régulariser leur position dans le délai d'un mois.

Visites et exercices.

Depuis quelque temps, les brasseurs ont à leur disposition des méthodes perfectionnées de saccharification des matières amylacées et des appareils de réfrigération qui leur permettent de fabriquer et de refroidir un brassin en quelques heures. Certains ont été tentés de mettre ces moyens à profit pour brasser, la nuit, sans déclaration.

Aux abords des usines, le service relevait tous les indices d'ateliers en pleine activité. Lorsqu'à la première heure du jour, il pénétrait dans les établissements, les feux étaient éteints et les moûts de bière refroidis.

C'est pour mettre fin à cet état de choses, aussi préjudiciable aux intérêts des industriels honnêtes qu'à ceux du Trésor, qu'a été insérée dans la loi une disposition autorisant le service des contributions indirectes et celui des octrois à pénétrer, la nuit, dans les brasseries, qu'elles soient ou non en activité, et astreignant les brasseurs à leur ouvrir, à toute réquisition, leurs maisons, brasseries, ateliers, magasins, caves et celliers.

C'est là un droit qui aura surtout un effet préventif et qui ne saurait s'exercer, sous l'empire des plaintes fondées, qu'avec beaucoup d'intelligence et de discrétion.

Il est bien évident qu'il n'y aurait pas lieu d'interrompre le repos du brasseur pour lui demander à pénétrer dans son usine, si l'on pouvait constater, par un examen extérieur, qu'elle chôme réellement.

J'ajoute qu'en thèse générale les visites de nuit devront être limitées aux ateliers de fabrication, qu'elles ne seront étendues aux autres parties de l'immeuble qu'exceptionnellement et si l'on avait déjà relevé dans les ateliers des indices d'opérations suspectes, enfin qu'en toute hypothèse il conviendra de ne pas pousser les recherches jusque dans les locaux qui constitueront l'habitation personnelle du brasseur.

Il importe, en outre, à tous les points de vue

que les employés s'abstiennent d'opérer isolément lorsqu'ils interviendront de nuit dans les usines.

Le brasseur peut s'affranchir des visites de nuit pendant les périodes d'inactivité en faisant placer sous les scellés du service tous les appareils, cuves-matières ou autres, pouvant servir à la saccharification et tous les vaisseaux, chaudières, bâches, etc., susceptibles d'être chauffés soit à la vapeur, soit à feu nu.

La mise hors d'usage sera obtenue :

1o En ce qui concerne les vaisseaux pouvant servir à la saccharification, par l'apposition de couvercles en métal ou en bois pouvant être fermés par des plombs, et par l'apposition de scellés sur les robinets adaptés auxdits vaisseaux ;

2o En ce qui concerne les vaisseaux susceptibles d'être chauffés :

a) Si le chauffage est à feu nu, en disposant la porte du foyer placé sous chacun d'eux de façon qu'elle puisse être maintenue fermée par un plomb ;

b) Si le chauffage se fait à la vapeur, en scellant les robinets d'adduction de la vapeur agencés à cet effet.

Le mode de scellement devra être agréé par le service.

S'il comporte l'usage de boulons, ceux-ci seront rivés.

Les robinets devant recevoir un scellé seront tenus à l'abri de toute atteinte à l'intérieur d'une boîte fermée par un plomb.

Le service pourra, en outre, apposer à l'intérieur des appareils des scellés composés de matières solubles ou fusibles telles que la gélatine, la cire d'abeille, etc., qui disparaîtraient si l'on introduisait clandestinement de l'eau ou des moûts chauds dans les appareils.

L'apposition des scellés sera réclamée soit par la déclaration de fabrication elle-même, soit par une déclaration spéciale déposée à la recette buraliste de la résidence des employés qui exercent l'établissement. Cette déclaration spéciale sera reçue au registre no 19. Il en sera remis une ampliation au déclarant.

Le brasseur ayant fait régulièrement la déclaration dont il s'agit n'aura plus à souffrir les visites de nuit à partir du jour qui suivra celui où sa déclaration spéciale aura été déposée, alors même que les scellés n'auraient pas encore été apposés par les employés.

Ceux-ci devront, d'ailleurs, s'attacher à sceller les appareils en temps utile, et, au besoin, chaque employé opérera isolément pour faire face à toutes les exigences du service.

Pour sceller les appareils, cuves, chaudières, etc., on fera usage des pinces, des plombs et de la ficelle utilisés en distillerie. Les receveurs principaux auront à demander, le plus tôt possible, au bureau du matériel de la Direction générale, les quantités indispensables pour faire face à tous les besoins.

Il est interdit au brasseur de desceller ses appareils, cuves et chaudières, etc., et il conviendrait de rapporter procès-verbal si les scellés et cachets n'étaient pas représentés intacts à toute réquisition.

Toutefois, si, une heure après celle fixée par lui soit pour la reprise du travail dans ses déclarations ordinaires de fabrication, soit pour la mise de feu sous des chaudières en dehors des périodes d'activité, le service n'est pas intervenu pour rompre les scellés, le brasseur peut les briser, sauf à remettre les plombs aux employés au cours de leur plus prochaine visite.

Quand, à l'issue de la fabrication en cours, le brasseur désire faire replacer ses appareils sous scellés, il l'indique dans la déclaration de fabrication.

Dans ce cas, le service peut apposer les scellés aussitôt après l'heure fixée pour la fin du déchargement des chaudières de cuisson. Il a, ainsi, la possibilité de reconnaître le produit du brassin et de replacer les appareils sous scellés au cours d'une même visite.

Les frais d'apposition des plombs et cachets seront supportés par l'Administration.

Déclaration de contenance des vaisseaux et appareils.

En même temps qu'ils font enregistrer à la recette buraliste leur déclaration de profession, les brasseurs sont tenus de déclarer la contenance de leurs chaudières (hausses fixes comprises), bacs, cuves et vaisseaux à demeure de toute nature.

Ils fournissent l'eau, les ustensiles et les ouvriers nécessaires pour vérifier par empotement la capacité desdits vaisseaux.

Cette vérification est faite, en leur présence, par le service de la régie qui dresse procès-verbal du résultat de l'épalement. Elle ne peut être empêchée par aucun obstacle du fait du brasseur. Elle peut être faite à nouveau toutes les fois que le service le juge convenable.

Non seulement il importe de déterminer avec le plus grand soin, et centimètre par centimètre, la capacité des chaudières de cuisson où se fera plus particulièrement, désormais, la reconnaissance du produit des brassins, mais aussi celle des vaisseaux où stationnent les moûts avant leur rentrée dans les chaudières de cuisson (appareils à saccharifier, cuves-matières, reverdoirs, etc.).

A l'exception des vaisseaux à demeure affectés à la fermentation des moûts qu'on se bornera à jauger métriquement, tous les récipients doivent être épalés par empotement et divisés en tranches d'un centimètre.

Doivent être compris dans l'épalement des chaudières de cuisson les hausses et couvercles fixés à demeure jusqu'au niveau d'écoulement.

Les brasseurs sont, d'ailleurs, autorisés à se servir de hausses ou de couvercles mobiles qui ne sont pas compris dans l'épalement, pourvu qu'ils ne soient placés sur les chaudières qu'au moment de l'ébullition des moûts, qu'on ne se serve pas de mastic ou autres matières pour les luter, les soutenir ou les élever, et que les hausses mobiles n'aient pas plus d'un décimètre de hauteur.

Un bâton de jauge en bois, gradué en centimètres et muni à sa partie inférieure d'une garniture métallique, doit être à la disposition du service de la Régie pour déterminer le volume occupé par les métiers ou les moûts dans les vaisseaux autres que les chaudières à cuire avant la fin de la période légale de reconnaissance.

Ce bâton doit avoir une longueur telle qu'il dépasse de 10 centimètres au moins le bord supérieur du vaisseau le plus profond.

Il ne faut pas qu'après avoir été jangés, les vaisseaux de toute nature puissent être déplacés ou inclinés à l'insu du service et de façon à fausser le résultat de ses constatations.

D'une part, on indiquera toujours par une entaille, sur le bord de chaque vaisseau, le point où doit être descendu verticalement le bâton de jauge, gradué en centimètres, pour être placé exactement dans la même position que celle qu'il occupait pendant les opérations d'épalement.

D'autre part, on déterminera la position de plusieurs points marqués sur chaque vaisseau, par rapport à d'autres points fixes, relevés dans l'atelier, en mentionnant clairement dans l'acte d'épalement les distances, dans le sens vertical et dans le sens horizontal, qui séparent ces divers points de repère.

Toutes les fois qu'on reconnaîtra la hauteur du liquide dans les vaisseaux, on aura soin d'en relever également le vide et de rechercher si le vide et le mouillé donnent bien la hauteur totale du récipient. De temps à autre, on rapprochera la graduation du bâton de jauge de celle en centimètres qui est gravée sur les jauges brisées mises à la disposition du service.

Sur un carnet d'exercice, établi à la main, on relèvera les dimensions de chaque vaisseau et le volume correspondant à chaque centimètre de mouillé, ainsi que toutes les indications relatives à la position des points de repère et à l'endroit où doit être placé le bâton de jauge, pour fournir des renseignements d'une entière exactitude.

Il est interdit de changer, modifier ou altérer la contenance des chaudières, appareils et vaisseaux de toute nature, sans en avoir fait par écrit la déclaration à l'avance, et de faire usage desdits récipients avant que leur contenance ait été vérifiée par le service.

Les déclarations de l'espèce sont reçues au registre n° 18, de même que les déclarations générales de contenances.

Les chaudières, bacs, cuves et vaisseaux à demeure de toute nature reçoivent un numéro d'ordre, avec l'indication de leur contenance en litres et de leur destination.

Ces indications sont peintes à l'huile, soit sur le récipient, soit sur une plaque fixée à proximité, en caractères ayant au moins cinq centimètres de hauteur, par les soins et aux frais de l'industriel.

Agencement des usines et de l'outillage.

L'article 4 du décret impose aux brasseurs l'obligation :

1° De ménager un accès facile et direct de la porte de leur usine aux appareils de saccharification, cuves-matières, chaudières de cuisson, bâches, bacs rafraîchissoirs et autres vaisseaux analogues, y compris ceux affectés au chauffage de l'eau ;

2° De disposer ces divers vaisseaux de telle sorte que les employés puissent, en tout temps, y prélever des échantillons, soit par un robinet de vidange, soit de toute autre manière agréée par la Régie ;

3° De faciliter l'accès de la partie supérieure des chaudières de cuisson par l'installation d'escaliers ou d'échelles solides, commodes et fixées à demeure ;

4° De placer dans l'atelier de cuisson des moûts, à un endroit accessible et convenablement éclairé, une boîte formant tablette horizontale, où les employés pourront déterminer la densité des moûts ainsi que la richesse en degrés-hectolitres des succédanés du malt, et où l'industriel conservera les ampliations de ses déclarations jusqu'à l'expiration de la période légale de fabrication.

Il est à croire que, dans la plupart des brasseries, les installations répondent à ces exigences, qui tendent à faciliter l'action du service et à mettre fin à des manœuvres consistant, soit à rendre difficile l'accès des ateliers et des vaisseaux par un encombrement de fûts ou de tous autres objets, soit à cacher les échelles mobiles, qui permettaient, sous l'ancien régime, de reconnaître le volume des brassins dans les bacs ou en cuve guilloire. Des délais seront accordés aux brasseurs pour régulariser, le cas échéant, leur position sous ce rapport.

Il sera tenu compte des difficultés qui peuvent naître de la disposition et de l'encombrement des locaux. L'Administration ne veut pas qu'on puisse entraver systématiquement son contrôle ; mais, d'un autre côté, il n'entre pas dans ses intentions d'imposer aux industriels un remaniement de leurs ateliers.

Les directeurs veilleront à ce que les exigences du service soient toujours bien justifiées et qu'elles ne se modifient pas au fur et à mesure de l'intervention successive des chefs de service et des différents vérificateurs appelés à exercer leur contrôle sur la marche du travail industriel et l'exécution des surveillances. Une unité de vues et d'action doit s'établir afin de couper court à toutes interprétations contradictoires ; et seuls les chefs départementaux peuvent l'imposer à leurs collaborateurs de tous grades en se faisant rendre compte de l'état des lieux.

L'article 7 de la nouvelle loi prescrit l'emploi en brasserie de chaudières de cuisson non fixées à demeure ou d'une capacité inférieure à 8 hectolitres.

Les tuyaux, pompes, élévateurs, conduits et caniveaux dans lesquels circulent les moûts doivent être installés dans des conditions telles qu'on en puisse suivre de l'œil tout le parcours. Ils sont pourvus chacun d'un numéro d'ordre peint ou poinçonné d'une manière très apparente auprès de chaque point de raccord. Aucune ouverture ne doit y être pratiquée sans déclaration préalable faite à la recette buraliste.

L'article 5 du décret exige, en outre, que le brasseur remette en double expédition une déclaration signée indiquant, pour chacun des tuyaux, pompes, élévateurs, conduits et caniveaux, son numéro d'ordre, sa longueur, sa contenance approximative et l'usage auquel il est affecté.

Pour les établissements déjà en exploitation, cette déclaration sera remise au chef du service local dans le délai d'un mois. Pour les établissements nouveaux, elle sera déposée à la recette buraliste en même temps que la déclaration de profession prescrite par l'article 1er du décret.

Les changements ultérieurs seront déclarés 24 heures à l'avance, et feront l'objet d'une note signée qui sera remise en double expédition au buraliste en même temps que la déclaration relative à ces modifications.

Il est à craindre que quelques brasseurs ne soient embarrassés pour établir ces déclarations et notes rectificatives. Le service aura à les éclairer, à les guider, de même qu'il leur fournira tous les renseignements nécessaires sur les nouvelles bases d'imposition et au sujet du minimum de rendement à introduire dans leur déclaration de fabrication.

Toutes les fois que l'examen des lieux permettra de s'assurer que les tuyaux encastrés dans les murailles n'ont pas de bifurcations clandestines, on s'abstiendra d'exiger que ces tuyaux soient dégagés. Mais il importe de réclamer la mise à jour des tuyaux et conduits souterrains. Si des résistances se produisaient, on les signalerait au chef départemental.

L'article 4 du décret autorise le service de la Régie à faire procéder, en tout temps, à la recherche des tuyaux, pompes, élévateurs, conduits et récipients clandestins. Si cette recherche occasionne des dégâts et si elle n'amène aucun résultat, les dégâts seront réparés aux frais du Trésor. Il est à peine utile de faire remarquer que cette nouvelle faculté ne devra s'exercer que très exceptionnellement. Les directeurs, seuls, pourront autoriser les recherches de l'espèce, et il doit être entendu qu'ils ne le feront qu'en cas de présomptions graves et sur des indices présentant un caractère marqué de certitude.

Une des deux expéditions des notes descriptives des tuyaux, pompes, etc., restera entre les mains du service, qui aura à la consulter pour étudier l'agencement de chaque usine et se rendre un compte exact et précis de la circulation des moûts. La seconde expédition sera conservée par les chefs divisionnaires (directeurs et sous-directeurs), en vue de permettre, le cas échéant, d'établir clairement devant les tribunaux les faits d'installation des tuyaux non déclarés.

C'est, surtout, dans les chaudières de cuisson que se fera la reconnaissance du volume et de la densité des moûts de bière.

A cet effet, chaque chaudière à cuire et à houblonner sera pourvue soit d'un bâton de jauge gradué, soit d'un indicateur avec un tube en verre d'un diamètre intérieur d'au moins deux centimètres accessible sur toute sa longueur et disposé de manière à présenter extérieurement le niveau du liquide.

Les chaudières où il est fait usage d'un bâton de jauge doivent être munies intérieurement de deux anneaux métalliques rigides fixés à demeure, placés verticalement l'un au-dessus de l'autre, distants d'une longueur au moins égale à la moitié de la hauteur de la chaudière et ne laissant au bâton de jauge qui y est introduit qu'un jeu très limité. Un troisième point fixe doit être disposé extérieurement sur la même ligne verticale, de manière à assurer le repérage exact du bâton de jauge. La position de ce point fixe doit être déterminée en le rattachant à d'autres points fixes de l'atelier, afin qu'on ne puisse le déplacer à l'insu du service. La situation respective du point de repère et des points fixes est décrite minutieusement dans le procès-verbal de jaugeage ainsi que sur le carnet d'exercice. Du reste, lorsque le bâton de jauge est engagé dans les deux anneaux et touche au fond de la chaudière, il doit se placer à côté du point de repère. On s'assure alors de combien de centimètres, son extrémité supérieure dépasse ledit point et on note ce renseignement pour se prémunir contre toute manœuvre tendant à altérer le résultat des reconnaissances.

Le bâton de jauge doit avoir une longueur telle qu'il dépasse d'au moins un décimètre le point de repère qui se trouve en dehors de la chaudière ; il porte gravé d'une manière indélébile (au feu par exemple) le numéro de la chaudière à laquelle il appartient. Il est muni, à son extrémité inférieure, d'une garniture en cuivre et gradué sur toute la hauteur de la chaudière.

L'indicateur à niveau se compose d'un tube de verre supporté par un ajutage pourvu de deux robinets ou soupapes. L'un, du côté de la chaudière, sert à isoler le tube ; l'autre, à la base, permet de le vider. L'échelle de graduation est en métal ou en bois avec indication apparente de ses divisions. Elle est fixée à demeure et, pour qu'on ne puisse la déplacer sans éveiller l'attention, l'une de ses divisions doit se trouver exactement au même niveau que deux traits gravés l'un sur la chaudière et l'autre sur le tube en verre.

L'indicateur est mis en communication avec l'intérieur de la chaudière soit par un tuyau spécial, soit par l'intermédiaire du tuyau servant à la vidange de ladite chaudière.

L'échelle de graduation du tube de niveau ou du bâton de jauge est établie d'un côté par décimètres et centimètres, d'un autre côté par hectolitres d'après les résultats du jaugeage par empotement.

L'agencement des tubes, robinets, ajutages, jauges graduées devra être agréé par le service. Il est interdit d'y apporter aucune modification de nature à en fausser les indications ; le brasseur est tenu de les entretenir en bon état de fonctionnement et de propreté.

Un délai de deux mois à compter du jour de la mise en application de la nouvelle loi est accordé aux brasseurs pour faire agréer les installations définitives de mesurage de leurs chaudières de cuisson. Jusqu'à ce que ces installations aient été acceptées, les brasseurs fourniront aux employés les instruments nécessaires pour leur permettre de reconnaître facilement et exactement le vide des chaudières à toutes les périodes de l'ébullition.

Déclarations de fabrication.

Toutes les fois qu'ils veulent se livrer à la fabrication de la bière, les brasseurs sont tenus de déclarer à la recette buraliste :

1° Les numéros des cuves-matières et vaisseaux assimilés ou autres appareils dans lesquels doit s'opérer la saccharification des matières premières, ainsi que l'heure du versement de ces matières dans lesdits vaisseaux ;

2° Le numéro et la contenance totale jusqu'au niveau d'écoulement des chaudières qu'ils veulent utiliser à la cuisson des moûts ou au chauffage de l'eau nécessaire à la préparation des trempes, ainsi que l'heure de la mise de feu sous chacune d'elles ou de l'introduction de la vapeur dans les serpentins de chauffe ;

3° Le nombre de degrés-hectolitres qu'ils entendent produire sans que ce nombre puisse être inférieur à deux fois le volume total des chaudières à cuire et à houblonner déclarées pour le brassin ;

4° L'heure du commencement et celle de la fin de la rentrée définitive de toutes les trempes dans lesdites chaudières ;

5° L'heure du commencement et celle de la fin du déchargement de chacune de ces chaudières.

Le préposé qui a reçu une déclaration en remet une ampliation signée de lui au déclarant, et celui-ci est tenu de la représenter à toute réquisition des employés pendant la durée de la fabrication.

La déclaration dont il s'agit doit être faite douze heures à l'avance au moins dans les localités où résident les agents chargés de l'exercice de l'usine et l'avant-veille à quatre heures du soir, au plus tard, partout ailleurs.

Toutefois ce dernier délai sera réduit à douze heures lorsque le brasseur fera déposer sa déclaration à la recette buraliste de la résidence des employés, et un duplicata de cette même déclaration au bureau dans la circonscription duquel la brasserie est située.

Le service, avisé immédiatement par les buralistes du dépôt de toutes les déclarations faites, sera toujours en mesure d'intervenir en temps opportun dans les usines en activité.

Le degré-hectolitre est la nouvelle unité imposable ; il représente un hectolitre de moût marquant 1 degré au-dessus de 100 au densimètre de la Régie à la température normale de 15 degrés centigrades. La quantité à imposer est le produit de la multiplication de la densité du moût par son volume.

Les brasseurs sont tenus d'indiquer dans leurs déclarations de fabrication le nombre de degrés-hectolitres qu'ils comptent produire. Or, certains d'entre eux peuvent ne pas connaître la valeur de cette unité imposable ou, tout au moins, le rendement en degrés-hectolitres du malt qu'ils mettent en œuvre. Dans les premiers jours de la mise en vigueur de la nouvelle loi, ils pourront être amenés à faire, de bonne foi, soit des déclarations majorées qui donneraient ouverture au payement du droit de 50 centimes sur un nombre de degrés-hectolitres supérieur à celui réellement obtenu, soit des déclarations insuffisantes qui donneraient lieu à la constatation d'excédents imposables en totalité au double ou au décuple droit.

Il serait peu équitable de faire supporter au contribuable les conséquences d'une erreur commise dans ces conditions. Aussi, pendant quelque temps, un mois au plus, le service pourra, dans le cas où le résultat de la reconnaissance opérée par lui ne serait pas en rapport avec le rendement déclaré et où il n'y aurait pas de présomption de fraude, faire modifier la déclaration originelle, en ce qui touche la fixation du minimum imposable, de façon que le chiffre rectifié représente exactement la quantité reconnue et fabriquée. Dans ce cas, la souche de la déclaration fera l'objet d'une rectification authentique, c'est-à-dire approuvée par la signature du déclarant, afin de constituer un titre de perception régulier.

Mais il est bien entendu :

1o Que les rectifications de cette nature ne pourront, en aucun cas, être admissibles après l'expiration du premier mois d'application de la loi ;

2o Que chaque brasseur ne sera admis à modifier après coup que deux de ses déclarations de rendement ;

3o Que le chiffre rectifié représentera au moins deux fois la capacité totale de l'ensemble des chaudières utilisées à la cuisson des moûts du brassin.

En imposant aux brasseurs l'obligation de déclarer la mise de feu sous leurs chaudières et appareils, le décret a dû prévoir le cas où en dehors des périodes de fabrication ces industriels auraient besoin d'eau chaude pour laver leurs ustensiles et leurs ateliers. Il les admet, en conséquence, à chauffer de l'eau dans une chaudière ou bâche, à charge, par eux, d'en faire la déclaration dans les délais fixés pour le dépôt des déclarations de fabrication elles-mêmes.

Les déclarations de fabrication seront reçues au registre n° 19 du nouveau modèle, dont il conviendra de faire la demande sans retard au matériel du Ministère des finances.

Les registres n° 19 de l'ancien modèle seront utilisés à l'enregistrement, soit des déclarations spéciales occasionnées par la mise sous scellés des appareils, soit de la déclaration relative au chauffage des eaux de lavage.

Définition du brassin.

Jusqu'ici la législation fiscale considérait le brassin comme le produit de la cuisson d'une chaudière. On pouvait fabriquer et, en fait, on fabriquait plusieurs brassins avec les mêmes drêches. Or, le paragraphe 1er de l'article 9 de la nouvelle loi indique explicitement que, dans la pensée du législateur de 1899, on peut utiliser plusieurs chaudières à la confection d'un seul brassin. L'article 13 du décret précise la valeur légale du mot brassin en disposant, d'une part, qu'un brassin comprend l'ensemble de tous les métiers produits par une même quantité de grains, et que le produit d'un brassin peut comporter l'emploi de plusieurs chaudières.

C'est donc la totalité des degrés-hectolitres reconnus dans l'ensemble des chaudières à cuire utilisées à la fabrication d'un brassin qu'il convient de comparer au rendement déclaré, afin de faire ressortir le montant et la quotité des excédents pouvant être assujettis au double droit ou au tarif exceptionnel de 5 francs par degré-hectolitre, en exécution des prescriptions de l'article 9 de la loi. Il n'y a pas lieu de rechercher si les degrés-hectolitres constatés dans chacune d'elles sont supérieurs ou non à deux fois leur capacité totale.

Il sera ainsi facile de fabriquer sans dédoublement des petites bières avec le produit du dernier lavage des drêches, pourvu que celles obtenues avec les métiers des premières trempes aient une densité suffisante pour porter la densité moyenne de l'ensemble à un taux égal ou supérieur au minimum exigé par l'article 10 du décret.

L'article 13 du décret a prévu le cas où le brasseur qui utilise plusieurs chaudières à la cuisson d'un même brassin pourrait se trouver dans l'impossibilité de conserver les moûts cuits dans une première chaudière jusqu'au moment où la seconde chaudière serait en état d'être déchargée.

Il dispose que l'industriel qui justifierait de nécessités impérieuses de fabrication pourra, dans les conditions à fixer par l'Administration, être admis à réclamer la reconnaissance du produit par chaudière séparée.

Dans ce cas, chaque chaudière serait considérée au point de vue de la déclaration de rendement et de l'assiette du droit, comme constituant un brassin distinct.

Les demandes produites en vue de bénéficier de cette disposition seront soumises à l'Administration avec l'indication des garanties offertes par le brasseur pour prévenir les abus qui pourraient en résulter et, notamment, l'introduction dans la première chaudière, après que le produit en aurait été reconnu, d'une partie des métiers soi-disant destinés au remplissage de la deuxième.

Période légale de reconnaissance du volume et de la densité des moûts.

Les brasseurs se plaignaient que l'ancienne législation reportât la vérification du produit fabriqué à l'entonnement, c'est-à-dire à une période du travail où les moûts, stérilisés par la cuisson, sont refroidis et peuvent être contaminés à nouveau s'ils ne sont pas rapidement soustraits à l'action de l'air et au contact de tous instruments de vérification. Il est admis, d'ailleurs, que les bactéries qui provoquent des moûts des fermentations nuisibles ne sauraient vivre dans les liquides portés à la température de 60 degrés.

L'article 12 du décret dispose, en conséquence, que le produit de chaque brassin sera vérifié dans les chaudières de cuisson et dans les bacs rafraîchissoirs.

La période légale de reconnaissance commence immédiatement après la rentrée définitive de la totalité des métiers dans les chaudières de cuisson et finit dès que les chaudières et les bacs sont vidés.

Si la reconnaissance a lieu sur les bacs, elle ne peut être faite qu'autant que la température des moûts n'est pas descendue au-dessous de 60 degrés centigrades.

Les vérifications aux bacs n'ont pas toujours toute la précision désirable, et, sous l'ancienne législation, l'Administration avait été amenée à faire surseoir à la prise en charge des excédents reconnus dans les vaisseaux et à prescrire d'assister à l'entonnement des brassins pour opérer une constatation définitive. Pour les mêmes raisons, sous le nouveau régime, la reconnaissance ne devra s'effectuer qu'à titre exceptionnel dans les bacs où, du reste, les moûts sont rapidement refroidis à moins de 60 degrés centigrades.

La période légale doit avoir au minimum une durée de trois heures avant le commencement du déchargement des chaudières. Toutefois, sur la justification de conditions spéciales de fabrication et d'une cuisson moins prolongée pour la fabrication de certaines bières blanches ou très pâles, ce minimum peut être abaissé, sans qu'il soit jamais inférieur à une heure et demie.

Dans les premiers jours de la mise en vigueur de la nouvelle loi, les directeurs autoriseront, d'urgence et à titre révocable, les réductions sur le minimum de trois heures qui leur sembleraient justifiées par des nécessités réelles de fabrication. Mais ils rendront compte des décisions prises dans un rapport circonstancié qu'ils transmettront à la Direction générale, sous le timbre de la 1re division.

Dans les brasseries où il n'est pas fait plus d'une fabrication en vingt-quatre heures, la période de reconnaissance doit être comprise entre 8 heures du matin et 8 heures du soir.

Dans celles qui fabriquent plusieurs brassins en une journée de vingt-quatre heures, la période de reconnaissance de la moitié des brassins au moins sera comprise entre 8 heures du matin et 8 heures du soir.

Ces deux dispositions ont pour objet de permettre au service d'exercer un contrôle étroit sur les opérations des brasseurs, en leur interdisant de reporter systématiquement à des heures de nuit les phases de la fabrication qui demandent à être plus particulièrement surveillées.

Décharges partielles.

Sous le nouveau régime, le danger contre lequel on doit surtout se prémunir est celui des décharges partielles au cours de la cuisson. Il suffit, en effet, que les moûts aient été stérilisés par une ébullition de quelques minutes pour pouvoir être utilisés en brasserie. Il faut s'attacher à entraver le plus possible la manœuvre qui consisterait à remplacer les moûts détournés dans la chaudière par des moûts frais tirés des cuves-matières.

C'est pour atteindre ce but que le décret dispose :

1° Que les drèches doivent être enlevées des cuves-matières avant la fin de la période de reconnaissance des moûts ;

2° Qu'après l'heure fixée pour la rentrée des métiers dans les chaudières de cuisson, tous les robinets seront ouverts et les moûts versés à l'égout ou évacués à perte en présence des employés, s'ils n'ont pas une densité supérieure à 2 degrés et si le nombre de degrés-hectolitres qu'ils représentent n'excède pas 5 p. 100 du rendement déclaré.

Lorsqu'après l'heure fixée pour la rentrée définitive des métiers le service trouvera les robinets de vidange des appareils de saccharification fermés et des moûts dans les reverdoirs ou appareils de saccharification, il rédigera un procès-verbal pour contravention à l'article 18 du décret.

On a dû également réglementer les fabrications qui se suivent et celles qui sont simultanées.

Les opérations faites en vertu de déclarations successives ne pourront avoir lieu qu'à la condition que chacun des appareils servant à la saccharification et à la cuisson reste vide pendant deux heures au moins. De cette façon aucune confusion ne s'établira entre les produits de chacune des fabrications.

Lorsqu'il est fabriqué simultanément plusieurs brassins, les opérations de fabrication doivent rester séparées. La période de reconnaissance de chacun d'eux s'ouvre à la même heure. Par conséquent, les fabrications marchent de front, au lieu de s'échelonner.

Si importantes qu'elles puissent être au point de vue préventif, ces diverses dispositions demandaient à être complétées. L'article 13 du décret y a pourvu en organisant, en quelque sorte, la prise en charge des moûts au fur et à mesure de leur rentrée dans les chaudières de cuisson.

Le service peut, à partir du moment où commence la rentrée définitive des métiers, constater le nombre de degrés-hectolitres que représentent les métiers déjà rentrés en chaudière.

Toute diminution de plus de 2 p. 100 (1) qui serait ultérieurement reconnue sur le nombre de degrés-hectolitres constaté dans la chaudière unique ou dans l'une des chaudières du brassin suppose une décharge partielle et donne lieu à la rédaction d'un procès-verbal.

Le nombre de degrés-hectolitres reconnu en moins est, en outre, ajouté, pour l'application des droits, aux quantités constatées pendant la période légale de reconnaissance.

Les moûts sont, d'ailleurs, sous le contrôle du service dès leur apparition. Ils ne peuvent être séparés de la fabrication en cours, et leur présence dans des vaisseaux autres que ceux inscrits à la déclaration de fabrication serait constatée par procès-verbal. Les quantités détournées seraient, en outre, comprises dans le produit du brassin, pour la liquidation des droits (art. 12 du décret).

Lorsqu'après l'heure fixée pour la fin de la rentrée des métiers dans les chaudières de cuisson les moûts, provenant d'un excès d'eau employé ou de l'égouttage des drèches, qui peuvent exister dans les cuves et appareils de saccharification ont une densité supérieure à deux degrés et représentent un nombre de degrés-hectolitres supérieur à 5 p. 100 du rendement déclaré, ils entrent dans la détermination du nombre total des degrés-hectolitres passibles de l'impôt. Le brasseur peut alors les introduire dans ses chaudières de cuisson jusqu'à concurrence du vide qui y existe. Le surplus est immédiatement versé à l'égout ou évacué à perte en présence des employés (article 18 du décret).

L'article 10 de la loi de finances de 1899 dispose qu'à l'exception des excédents de trempe dont il vient d'être parlé, toute quantité de moût qui serait trouvée en dehors des chaudières de cuisson après l'heure déclarée pour la fin de la rentrée définitive des métiers dans ces chaudières, devrait être considérée comme ayant été frauduleusement soustraite à la prise en charge, et soumise au droit de 5 francs par degré-hectolitre, sans préjudice de l'amende édictée par l'article 16.

Les décharges partielles soit avant, soit après l'heure déclarée pour la rentrée définitive des métiers, sont donc prévues et réprimées par l'article 12 du décret et par l'article 10 de la loi.

Enfin, en dehors de la constatation matérielle des quantités détournées, il y a présomption légale de décharge partielle donnant lieu à la rédaction d'un acte judiciaire toutes les fois que les résultats de reconnaissances successives opérées sur une même chaudière font apparaître, ainsi qu'il a été dit plus haut, une diminution dans le nombre de degrés-hectolitres qu'elle renferme.

Contrôle du résultat des fabrications par le poids des matières premières et par la reconnaissance du volume et de la densité du produit des trempes de saccharification.

Pour exercer efficacement les brasseries et y faire des contre-visites en temps opportun, les employés doivent pouvoir, dès le début du travail, asseoir des prévisions suffisamment précises sur le résultat final de la fabrication.

À cet effet, ils ont la faculté de contrôler l'emploi des matières premières au double point de vue du poids et de la qualité.

Les brasseurs sont tenus de mettre à leur disposition le matériel (bascules ordinaires, balances, poids, etc.), ainsi que les ouvriers nécessaires pour vérifier le poids des matières premières en-

---

(1) Au cours de l'ébullition, les matières albuminoïdes des moûts se coagulent et s'éliminent. Par suite, les moûts cuits sont, à volume égal, un peu moins denses que les moûts frais.

trant dans la confection des métiers de chaque brassin.

En usant de temps à autre de cette faculté au moment du versement desdites matières dans les cuves et appareils de saccharification, le service peut déterminer le rapport existant entre le poids des grains mis en œuvre et le nombre de degrés-hectolitres obtenu.

Les écarts que ferait apparaître la comparaison des résultats réalisés dans les diverses usines placées sous sa surveillance ou fournis, d'une époque à l'autre, dans la même brasserie, éveilleraient son attention et devraient l'inciter à réapparaître à l'improviste pour assurer la constatation de l'intégralité des moûts au fur et à mesure de leur introduction en chaudières. C'est, en effet, ainsi qu'il a été déjà expliqué, après les avoir dépouillés des organismes vivants par une courte ébullition que le brasseur peut utilement détourner des moûts pour les faire fermenter directement ou pour les mélanger aux bières dont la fermentation n'est pas encore achevée, et plus la constatation du produit des brassins sera rapprochée du moment où les moûts sont introduits dans les chaudières de cuisson, moins on aura à redouter les détournements illicites.

Ce premier contrôle ne saurait être aussi précis, aussi étroit qu'on le désirerait. Il ne tient compte que du poids des matières et néglige un élément essentiel, leur teneur en substances amylacées. Or cette teneur est loin d'être constante et peut présenter des variations de près de 20 p. 100.

Mais le décret met à la disposition des agents de la Régie un second élément d'appréciation en les autorisant à vérifier le volume et la densité des moûts dès leur apparition.

Chaque brassin comporte une trempe de saccharification où la totalité des matières mises en travail se trouve réunie à l'état de dilution pâteuse. Les trempes subséquentes ne sont plus, à proprement parler, que des trempes d'épuisement ou de lavage des matières saccharines retenues par les drèches.

Dès lors, il suffit de calculer aussi approximativement que possible la valeur en degrés-hectolitres des produits réunis dans la cuve-matière pour apprécier s'il y a eu, de la part du brasseur, une intention frauduleuse quelconque. Dans cette hypothèse, il a dû mettre en œuvre une quantité de matières premières plus importante, ou du malt plus riche en produits amylacés, qu'il n'était nécessaire pour obtenir le nombre de degrés-hectolitres déclaré.

Il reste à exposer comment peut se faire pratiquement ce contrôle.

Dès que la saccharification est achevée, c'est-à-dire lorsque les moûts ont été portés pendant un certain temps à une température voisine de 70 degrés centigrades, on procède, à l'aide du bâton de jauge gradué en centimètres, au mesurage du mélange de moûts et de drèches contenu dans la cuve-matière.

On prélève ensuite un échantillon du moût et on le pèse avec le densimètre.

Cette seconde opération est moins simple que la première.

A cet effet, on doit plonger un puiseur à plusieurs endroits et à diverses profondeurs dans le moût pâteux de la cuve-matière et faire filtrer le produit recueilli sur un linge fin afin d'isoler de la drèche le liquide à essayer au densimètre.

Le produit de la multiplication de la densité du moût par le volume constaté dans la cuve de saccharification (le tout ramené, bien entendu, à la température de 15 degrés centigrades) doit néces-

sairement donner un nombre de degrés-hectolitres supérieur à celui qui peut être obtenu.

On ne tient pas compte, en effet, dans ce calcul, du volume occupé par les drèches, et il se produit, au cours du travail, des déperditions résultant soit des quantités de moûts retenues dans les drèches qu'on ne saurait épuiser complètement, soit des manipulations, soit de la coagulation, au cours de la cuisson des matières albuminoïdes en suspension dans les moûts.

Il y aurait donc diverses corrections à opérer après en avoir déterminé l'importance. Ces corrections peuvent, du reste, être considérées comme constantes dans la pratique, car les déperditions qu'elles représentent ne sauraient comporter de variations importantes dans une fabrication convenablement réglée.

Il n'est pas nécessaire, d'ailleurs, pour donner au contrôle l'efficacité désirable, de déterminer le taux de correction imputable à chacune des causes de perturbation. Le but visé sera atteint si l'on constate par des essais répétés le rapport existant entre le nombre de degrés-hectolitres trouvé en cuves-matières et celui que fait ressortir la reconnaissance du produit du brassin en chaudières de cuisson, et, par suite, si l'on détermine expérimentalement la quotité de la correction globale à appliquer.

Soit, par exemple, une expérience au cours de laquelle on aurait trouvé en cuves-matières 200 hectolitres de moût pâteux pesant, après filtration, 5 degrés et, en chaudières de fabrication, 220 hectolitres de moût à 4 degrés.

Le nombre de degrés-hectolitres apparents s'élèverait à (5° × 200 hl) . . 1,000 dh
la quantité reconnue en chaudières serait de (4° × 220) 880
La déperdition totale ressortirait à . 120
et représenterait $\left(\frac{120 \times 100}{1,000}\right)$ 12 p. 100 du nombre de degrés-hectolitres apparents constaté en cuves-matières.

Si le résultat d'une première expérience était confirmé par les expériences subséquentes, on le tiendrait pour exact et l'on se bornerait ensuite à appliquer la correction globale aux vérifications faites ultérieurement en cuves-matières.

Appliquée judicieusement, cette méthode de contrôle fournira au service de précieux indices ; elle éclairera son action et le guidera dans la recherche des manœuvres abusives. L'Administration attache un grand intérêt à ce qu'elle repose sur des données aussi précises que possible et se réserve de réclamer aux chefs départementaux un relevé détaillé des expériences faites par chacune des sections appelées à concourir à l'exercice des brasseries.

Reconnaissance du volume des moûts.

Il importe de constater avec le plus grand soin et une entière précision le volume des moûts dans les chaudières de décoction.

Dans ce but le service fait cesser, s'il y a lieu, l'ébullition en imposant la fermeture soit de la porte et du registre de tirage du foyer des chaudières chauffées à feu nu, soit du robinet d'adduction de la vapeur dans les chaudières chauffées par la vapeur.

Lorsque le moût n'est plus agité, on introduit dans les deux anneaux fixés à l'intérieur le bâton de jauge spécialement affecté à la chaudière, et on relève les indications afférentes à la hauteur du moût, au volume qu'il représente, au trait où la jauge doit entrer en contact avec le point de repère placé en dehors de la chaudière.

Si ce récipient est pourvu d'un tube de niveau, on doit faire ouvrir et fermer à plusieurs reprises

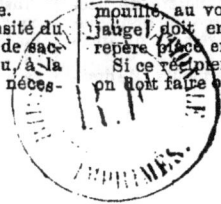

le robinet qui met le tube en communication avec la chaudière et le robinet de vidange dudit tube, de façon à en renouveler plusieurs fois le contenu et à s'assurer s'il fonctionne normalement. En vue de rechercher si la diminution de volume est exactement accusée par le tube indicateur, on peut, en outre, faire retirer de la chaudière un hectolitre de moût qui y est aussitôt réintégré.

On doit également avoir soin de s'assurer que l'échelle de graduation n'a été ni altérée, ni déplacée, et l'on relève en dernier lieu le volume correspondant à la hauteur du liquide dans le tube indicateur maintenu en communication avec la chaudière.

Sans désemparer, on reconnaît la température du moût dans le liquide de la chaudière le thermomètre agréé par la Régie que le brasseur doit toujours tenir à la disposition du service.

Sur le volume reconnu dans les conditions qui viennent d'être énumérées, il est accordé, pour tenir compte de la dilatation des moûts dont la température est supérieure à 30 degrés, une déduction de :

0.5 p. 100 pour les liquides vérifiés à une température comprise entre 31 et 40 degrés inclusivement.
0.9 p. 100 p. ceux reconnus entre 41 et 50 degrés.
1.3 p. 100   —   51 et 60 degrés.
1.8 p. 100   —   61 et 70 degrés.
2.4 p. 100   —   71 et 80 degrés.
3.2 p. 100   —   81 et 90 degrés.
4.0 p. 100   —   91 et 100 degrés.
6.0 p. 100 lorsque la température est supérieure à 100 degrés.

Le moût en ébullition peut être considéré comme ayant une température un peu supérieure à 100 degrés.

Il n'est opéré aucune déduction pour tenir compte du volume occupé par le houblon.

L'article 16 du décret interdit même de retirer le houblon avant le déchargement des chaudières parce qu'il retient une assez notable quantité de moût qui échapperait à la charge si le houblon était enlevé avant que le service ait pu reconnaître le volume du brassin.

Reconnaissance de la densité des moûts.

Immédiatement après la constatation du volume des moûts, on prélève un échantillon pour en constater la densité.

La prise d'essai peut se faire, soit en plongeant une éprouvette spéciale ou puiseur dans les vaisseaux, soit en se servant du tube gradué mis en communication avec les chaudières pour relever le niveau du liquide qu'elles contiennent.

Le moût sur lequel elle est prélevée doit avoir été rendu homogène dans toute sa masse par un brassage que l'industriel est tenu de faire opérer immédiatement lorsque le service le lui demande.

Il paraît que, dans la pratique, on peut considérer comme suffisamment homogènes les moûts en ébullition depuis plus de dix minutes. Des expériences seront faites en vue de rechercher si cette assertion est rigoureusement exacte. A cet effet on recueillera du liquide en cuisson dans les différentes couches de la chaudière pour l'essayer à l'aide du densimètre.

Lorsque le moût sera prélevé dans les tubes à niveau, on fera vider et remplir ceux-ci à plusieurs reprises avant de recueillir le produit à peser. On pourra même faire retirer de la chaudière un hectolitre de moût qui y sera réintroduit immédiatement et n'effectuer le prélèvement qu'après cette opération préliminaire.

Pour reconnaître la densité des moûts, l'Administration met à la disposition du service des densimètres dont la graduation est réglée de telle sorte que le zéro corresponde à la densité de l'eau à la température de 15 degrés centigrades. Chacun des degrés inscrits sur la tige de l'instrument indique une augmentation de densité correspondant à un décagramme par litre et, par conséquent, chaque dixième de degré, une augmentation de densité correspondant à un gramme par litre. Quand le densimètre, plongé dans un liquide, accuse 3°,7, cela veut dire qu'un litre de ce liquide pèse 1,037 grammes.

Les densités à reconnaître dans les brasseries seront presque toujours comprises entre 0 et 9 degrés. Pour obtenir des divisions en dixièmes de degré suffisamment espacées, chaque instrument ne comporte que 3 degrés.

Les densimètres à utiliser pour les reconnaissances en brasserie forment donc une série de trois instruments gradués l'un de 0 à 3 degrés, un autre de 3 à 6 degrés, un troisième de 6 à 9 degrés.

Le liquide d'essai doit être refroidi à la température légale de 15 degrés centigrades au moyen d'un appareil spécial fourni par le brasseur et agréé par la Régie. Cet appareil doit abaisser à 15 degrés la température des moûts en 10 minutes au plus. Jusqu'à ce que les brasseurs soient en mesure de satisfaire à cette obligation, on plongera l'éprouvette contenant le moût à essayer dans un seau d'eau froide qu'on fera vider et remplir aussi souvent qu'il sera nécessaire.

Le décret du 30 mai a prévu le cas où le moût ne pourrait être refroidi exactement à la température de 15 degrés et où la constatation de la densité serait faite entre 10 et 25 degrés centigrades. Il dispose (art. 15) que les corrections indiquées au tableau reproduit à la suite dudit décret seront opérées sur la densité trouvée. Soit, par exemple, un moût pesant 3o,4 à la température de 12 degrés. Le tableau indique que cette densité doit être diminuée de 0°,03 et ramenée par conséquent à 3°,37, soit à 3°4 en comptant la fraction pour un dixième.

Il convient, en effet, d'opérer, quand on reconnaît la densité des moûts, comme on le fait lorsqu'on détermine la richesse des spiritueux. Dans l'un et l'autre cas on néglige toujours les fractions à la lecture, mais on force ou on néglige les fractions résultant de la correction suivant qu'elles sont ou non supérieures à 5 dixièmes.

Le moût à peser doit remplir l'éprouvette en verre affectée à l'expérience jusqu'à 5 centimètres de son bord. On fait disparaître les mousses produites par les bulles d'air et de vapeur qui se dégagent du liquide et qui contrarieraient le libre jeu du densimètre. On laisse reposer le moût un instant et, lorsqu'il est déjà suffisamment refroidi, on place le thermomètre dans la rainure de l'éprouvette en l'assujettissant sur le bord au moyen d'un crochet dont il est pourvu.

Le densimètre est, à son tour, plongé dans le liquide. On le prend entre le pouce et l'index, on l'y laisse glisser légèrement jusqu'à ce que la tige soit descendue à peu près au point où elle doit affleurer, et on ne l'abandonne qu'au moment où il flotte. Il importe, en effet, de ne mouiller que la partie de la tige qui doit être immergée. Autrement le liquide dont la tige serait chargée constituerait un surcroît de poids qui ferait descendre l'instrument et en fausserait les indications. Une condition essentielle à observer consiste à laisser flotter librement le densimètre dans l'éprouvette sans aucune adhérence aux parois. A cet effet on fera toujours usage des éprouvettes en verre à l'exclusion des récipients à parois opaques où les frottements pourraient passer inaperçus.

On attend que le densimètre soit au repos pour relever le trait exact de flottaison. On peut, d'ailleurs, s'assurer que le point d'arrêt reste bien toujours le même en imprimant à la tige un léger mouvement dans le sens vertical.

Pour lire la division de la tige où le liquide affleure, il faut avoir soin de placer l'œil de façon que le rayon visuel suive parallèlement la surface du liquide jusqu'à ce qu'il rencontre l'échelle densimétrique au point où elle paraît comme coupée en deux par cette surface. Il ne faut pas tenir compte, bien entendu, dans l'appréciation du point d'affleurement, de la petite élévation du liquide qui se renflement qui remonte en entourant la tige et qui est connue en physique sous le nom de ménisque. Ce phénomène, qui tient à une action capillaire, se produit toutes les fois que le liquide mouille le corps avec lequel il est en contact.

Non seulement le ménisque peut occasionner des erreurs dans la lecture du point d'affleurement, mais il représente, ainsi qu'on vient de l'expliquer, un certain poids qui, s'ajoutant à celui de l'instrument, tend à faire enfoncer ce dernier. Cela n'aurait pas d'inconvénients si ce poids pouvait être constant, les densimètres étant gradués en conséquence. Mais il varie avec la hauteur du ménisque, et cette hauteur elle-même dépend de la perfection avec laquelle le liquide mouille le verre. Il est donc essentiel que la tige du densimètre soit bien nette de toute matière grasse ou d'autres impuretés qui entraveraient le libre jeu de l'instrument. Celui-ci doit être entretenu dans un bon état de propreté et, avant de s'en servir, il est même bon de le mouiller dans le moût à examiner, puis de l'essuyer légèrement avec un linge fin.

En exécution des dispositions du 1er paragraphe de l'article 6 de la loi de finances de 1899, les fractions de dixième de degré accusées par le densimètre sont négligées. Il en est de même pour les fractions de degré dans la détermination de la richesse des boissons spiritueuses (eaux-de-vie et esprits). Mais il est à remarquer que la graduation du densimètre est descendante, tandis que celle de l'alcoomètre est ascendante, et que, dans le premier cas, on doit relever la graduation qui se trouve immédiatement au-dessus de la surface du liquide alors que, dans le second cas, on relève celle qui se trouve immédiatement au-dessous.

Avant d'essayer des moûts troubles qui, à titre de contrôle, peuvent être prélevés, soit dans l'appareil de saccharification ou cuve-matière, soit même dans les chaudières de décoction avant la jetée de la trempe de clarification, on aura soin de les filtrer sur une étoffe fine afin de les isoler des drèches folles qu'ils pourraient tenir en suspension et qui gêneraient le libre jeu de l'instrument, en altérant les résultats de l'expérience.

Le brasseur peut contester le résultat de la reconnaissance de densité faite par la service toutes les fois qu'elle peut entrer dans la détermination du nombre de degrés-hectolitres à imposer. La contestation est alors déférée aux commissaires-experts institués par les lois des 27 juillet 1822 et 7 mai 1881 (art. 13 de la loi de finances).

Dans ce cas, on prélèvera, contradictoirement avec l'intéressé, trois échantillons d'un litre chacun, qui seront logés dans trois bouteilles scellées du cachet du service et de celui du fabricant. On dressera, en double expédition, en utilisant le modèle n° 59 du service des sucres, un procès-verbal du prélèvement et de la contestation. Ce procès-verbal sera transmis avec les deux échantillons à la direction générale, sous le timbre du « Bureau central, service des échantillons ». La seconde

bouteille sera conservée par le service, la troisième sera remise au brasseur.

Les écritures seront suspendues jusqu'à la notification de la décision du comité d'expertise. Cette décision sera communiquée au contribuable ; mais il est entendu qu'elle a toujours un caractère définitif et ne saurait être discutée devant une autre juridiction.

Les échantillons de moût pourraient fermenter et s'altérer pendant le transport, et il est indispensable de prendre des mesures spéciales en vue de leur conservation. Le moût à essayer sera, en conséquence, placé dans des bouteilles ordinaires bien propres. On ajoutera dans chaque bouteille un gramme d'acide salicylique pour empêcher la fermentation ; on fermera à l'aide d'un bouchon et on agitera le liquide Les échantillons seront emballés soit dans une caisse en bois convenablement garnie de copeaux fins ou de paille, dans une enveloppe en fer-blanc également garnie ; on aura soin de mentionner d'une façon très apparente sur la formule n° 59 transmise à l'Administration et sur l'étiquette de l'échantillon, que le moût de chaque bouteille a reçu l'addition d'un gramme d'acide salicylique.

Excédents de fabrication. — Décompte des droits dus.

Aux termes de l'article 9 de la loi de finances, si le nombre total des degrés-hectolitres applicables à l'ensemble des chaudières à cuire et à houblonner déclarée pour le brassin dépasse le dixième de la quantité déclarée en exécution de l'article 10 du décret, l'excédent est soumis *en totalité* :

1° Au double du droit fixé par l'article 6 de la loi (0 fr. 50) s'il est compris entre 10 et 15 p. 100 ;

2° Au droit de 5 francs par degré-hectolitre au-dessus de 15 et jusqu'à 20 p. 100 inclusivement de la même quantité.

Un excédent de plus de 20 p. 100 à la quantité déclarée suppose une déclaration frauduleuse ; dans ce cas la *totalité* des quantités reconnues est imposée au droit de 5 francs par degré-hectolitre.

Le législateur n'ayant pas visé dans cet article les excédents qui ne dépassent pas le 10e de la quantité déclarée, on en doit conclure qu'il n'a entendu apporter aucune modification à l'état de choses existant, et que les brasseurs conservent le bénéfice du 10e de tolérance dont ils jouissent depuis 1816.

En conséquence, le droit de 50 centimes est assis sur le nombre de degrés-hectolitres déclaré par le contribuable toutes les fois que la production effective ne dépasse pas de plus de 10 p. 100 la quantité déclarée.

Le cadre suivant présente le résumé des différents cas qui peuvent se produire et indique les bases du décompte à établir :

NOMBRE de degrés-hectolitres		EXCÉDENT reconnu.	Taux pour 100 de l'excédent.	QUANTITÉ à soumettre		
déclaré.	reconnu.			au simple droit (0 fr. 50).	au double droit (1 fr.)	au tarif de 5 francs.
l.-hect.	d.-hect.	l.-hect.	d.-hect.	d.-hect.	d.-hect.	d.-hect.
200	198	»	»	200	»	»
200	200	»	»	200	»	»
200	216	16	8,00	200	»	»
200	222	22	11,00	200	22	»
200	232	32	16,00	200	»	32
200	242	42	21.00	»	»	242

Les brasseurs auront, comme par le passé, avec la régie des contributions indirectes, pour les droits constatés à leur charge, un compte ouvert qui sera réglé et soldé à la fin de chaque mois.

Les sommes dues pourront être payées en obligations cautionnées à quatre mois de date, par application des dispositions de la loi du 15 février 1875, lorsque le montant des décomptes mensuels ne sera pas inférieur à 300 francs.

Validité des actes signés par un seul employé.

L'article 15 de la nouvelle loi dispose que les actes réguliers inscrits au portatif des bières tenu par les employés des contributions indirectes sont valables même lorsqu'ils ne sont signés que par un seul agent.

Les sections pourront ainsi se dédoubler, et chaque employé opérera isolément toutes les fois qu'à une même heure la présence du service paraîtra nécessaire sur deux points éloignés de la circonscription administrative.

On usera de cette faculté dans la mesure que réclamera la défense des intérêts à sauvegarder. Il convient de faire remarquer que cette disposition n'autorise pas un employé seul à rapporter un procès-verbal dans les brasseries.

Registre des brasseurs.

La loi du 28 avril 1816 autorisait les brasseurs à se pourvoir d'un registre, coté et paraphé par le juge de paix, sur lequel devait être consigné le résultat des actes inscrits à leur compte au portatif.

Le nouveau décret reproduit cette disposition qui constitue une garantie pour le contribuable.

L'Administration se plaît à penser que, pas plus à l'avenir que dans le passé, elle n'aura à intervenir pour amener ses agents à transcrire le résultat de leurs constatations sur le registre, dûment coté, des brasseurs à toute réquisition de ces industriels.

Suspension de la fabrication en cas d'accident.

Si, en cas de force majeure ou d'accident, soit avant, soit pendant la fabrication, celle-ci doit être ajournée, le brasseur mentionne, sur l'ampliation de sa déclaration de fabrication, la cause et la durée de l'interruption.

Quand celle-ci ne doit pas excéder deux heures, la fabrication est reprise, et les délais fixés à la déclaration sont prorogés d'un temps égal à la durée de l'arrêt.

Si l'interruption doit se prolonger au delà de deux heures, il rapporte, immédiatement après l'accident, l'ampliation à la recette buraliste en indiquant les motifs et la durée probable de l'arrêt.

Il prévient, en outre, télégraphiquement ou par exprès, les employés en leur fournissant les mêmes indications.

Le service se transporte, aussitôt que possible, sur les lieux pour se rendre compte de la réalité de l'accident et s'assurer que la fabrication n'est pas continuée.

Si l'interruption ne dépasse pas vingt-quatre heures, le travail peut être repris en vertu de la déclaration primitive, et, en temps utile, le brasseur retire de la recette buraliste l'amplation complétée par la mention, régulièrement signée du déclarant, de la durée de l'arrêt, durée qui fixe les nouvelles heures à assigner aux différentes phases du travail.

Si l'interruption doit se prolonger au delà de vingt-quatre heures, l'amplation est rattachée à la souche du registre n° 19 et la fabrication ne

peut être reprise qu'en vertu d'une déclaration nouvelle.

Le brasseur qui aurait remis son usine en activité sans retirer l'amplation déposée par lui à la recette buraliste serait considéré comme travaillant sans déclaration.

Mélasses, glucose, maltose, etc., employées à la fabrication de la bière.

L'article 14 de la loi de finances de 1899 a laissé à un décret le soin de fixer les conditions auxquelles seront subordonnés l'introduction et l'emploi en brasserie des mélasses, glucoses, maltose, maltine, sucs végétaux et autres substances sucrées analogues, les bases d'imposition des produits régulièrement employés et des manquants constatés.

Tel est l'objet des articles 19, 20 et 21 du décret du 30 mai.

Aucune quantité de mélasses, de glucose, de maltose, de maltine, de sucs végétaux ou de toute autre substance sucrée analogue ne peut être introduite dans une brasserie ou dans ses dépendances sans être accompagnée d'un acquit-à-caution.

Les quantités introduites sont présentées à la vérification du service et prises en charge à un compte spécial, ouvert à une deuxième partie du portatif 58, pour leur poids et pour la quantité de degrés-hectolitres qu'elles représentent.

Ces quantités sont placées, au choix du brasseur, soit dans un magasin spécial, soit dans un ou plusieurs récipients déclarés pour cet usage.

Lorsque le brasseur désire employer des mélasses, glucose, maltose, maltine, etc., il doit compléter sa déclaration de fabrication par l'indication :

1° De la quantité, par espèce, des matières dont il veut faire emploi ;

2° De la date et de l'heure auxquelles ces matières seront incorporées aux moûts, ainsi que du numéro des chaudières dans lesquelles se fera le versement.

Il est tenu de déposer isolément, à proximité de la chaudière où elles seront versées, les mélasses, glucose, maltose, maltine, etc., qu'il veut employer, et cela une heure au moins avant l'heure fixée pour leur introduction en chaudière.

Les employés sont autorisés à en vérifier le poids et l'espèce.

Si, à l'heure fixée, le service ne s'est pas présenté à l'usine, lesdites matières peuvent être versées dans les moûts.

Si les employés interviennent dans la brasserie moins d'une heure avant celle fixée pour la mise en œuvre de ces succédanés du malt, ils peuvent exiger que l'opération soit commencée aussitôt pour se continuer sans désemparer.

Les glucoses, mélasses, etc., ne pourront être utilisées à la fabrication de la bière :

1° Qu'après que le service aura reconnu la densité des moûts de bière ou, à défaut de reconnaissance, que pendant la dernière demi-heure qui s'écoulera avant le moment fixé pour le déchargement de la dernière chaudière du brassin ;

2° Que lorsque les drêches auront été enlevées des appareils de saccharification.

Le minimum fixé par le troisième paragraphe de l'article 12 du décret pour la durée de la période légale de reconnaissance sera augmenté d'une demi-heure.

Lorsque la constatation du produit du brassin aura lieu après l'incorporation des succédanés du malt aux moûts de bière, le nombre de degrés-hectolitres reconnu sera diminué du nombre de degrés-hectolitres obtenu à l'aide de ces succédanés pour calculer la quantité produite par le malt et appliquer les pénalités (double droit ; tarif de 5 fr.) édictées par l'article 9 de la nouvelle loi.

Le compte spécial des succédanés du malt sera déchargé en poids et en degrés-hectolitres des quantités successivement déclarées et introduites dans les moûts de bière.

Les employés ont la faculté d'arrêter la situation des restes et d'établir la balance du compte aussi souvent qu'ils le jugent nécessaire.

Les manquants reconnus seront imposés, pour le double de leur poids, en degrés-hectolitres d'après les bases de rendement dont il va être parlé.

Les quantités régulièrement employées sont frappées du tarif de 50 centimes fixé par l'article 6 de la loi de finances pour le nombre de degrés-hectolitres correspondant au rendement de chaque espèce de matière.

Il a paru sans inconvénient d'assigner, par le décret même, un rendement à la mélasse et aux glucoses massées dont la composition est bien connue et présente une stabilité suffisante.

Ce rendement est de :

32 degrés-hectolitres par 100 kilogrammes de mélasses ;

30 degrés-hectolitres par 100 kilogrammes de glucoses.

Faite, d'ailleurs, à titre provisoire, cette fixation sera, s'il y a lieu, révisée par décret rendu sur le rapport du ministre des finances, après avis du Comité consultatif des arts et manufactures.

Ce corps savant va être appelé à régler la méthode de constatation du rendement en degrés-hectolitres des autres succédanés du malt dont la composition est ou inconnue ou variable.

Jusqu'à ce que la décision du Comité consultatif puisse être notifiée, le rendement des maltose, maltine, etc., sera reconnu par le service lors de leur introduction en brasserie.

A cet effet, on fera dissoudre 100 grammes de chaque matière dans 75 à 80 centilitres d'eau et l'on ajoutera ensuite une quantité d'eau suffisante pour compléter le volume d'un litre. Plongé dans ce mélange, rendu homogène par une agitation suffisamment prolongée et ramené à la température légale de 15 degrés centigrades, le densimètre indiquera en degrés-hectolitres et en dixièmes le rendement afférent à 10 kilogrammes du produit essayé.

En cas de contestation, il sera prélevé des échantillons et dressé des procès-verbaux de prélèvement pour être transmis, les uns et les autres, comme ceux relatifs aux moûts dont la densité est contestée, à la Direction générale, afin qu'elle puisse soumettre le différend à l'examen du Comité d'expertise.

Le brasseur est tenu de mettre à la disposition du service les balances, les poids, l'éprouvette jaugée et les ouvriers nécessaires pour reconnaître la richesse en degrés-hectolitres des succédanés du malt et vérifier leur poids, soit à l'arrivée, soit au cours des recensements, soit lors de leur versement dans les chaudières de cuisson.

Par application de l'article 23 de la loi du 19 juillet 1880, les glucoses employées à la fabrication de la bière continueront a être affranchies du droit de 18 fr. 50 par 100 kilogrammes.

Il ne peut être admis en brasserie que des mélasses provenant de sucres libérés d'impôt.

Les quantités de mélasses, glucose, maltose, maltine, etc., existant en brasserie au moment de la mise en vigueur de la loi du 30 mai devront être déclarées par les détenteurs et prises en charge au compte ouvert à chacun d'eux au portatif n° 58.

Il est à croire que les glucoses qui sont frappées de taxes à peu près équivalentes lorsqu'elles sont, soit mises en consommation, soit affectées à la fabrication de la bière, ne seront plus employées clandestinement en brasserie que dans les villes où le droit d'octroi est élevé. L'attention du service local et celle des agents de l'octroi devra être appelée sur ce point. On peut même craindre que, dans les lieux sujets, les négociants qui font le commerce en gros des bières ne soient tentés d'incorporer des succédanés du malt à leur boisson pour pouvoir l'allonger et l'écouler après lui avoir fait subir une fermentation complémentaire. De tels agissements, constituant des fabrications illicites, seront surveillés et, le cas échéant, sévèrement réprimés.

Aux termes de l'article 25 de la loi du 26 juillet 1893, les mélasses ne peuvent circuler sur la voie publique en quantités supérieures à 100 kilogrammes, sans être accompagnées d'un acquit-à-caution. En se faisant exactement représenter les matières à l'arrivée avant de décharger les titres de mouvement, le service a toute facilité pour suivre l'emploi ou, tout au moins, la destination des mélasses et recueillir des indications précieuses sur la constitution des dépôts appelés à alimenter clandestinement les brasseries.

La surveillance du mouvement des autres succédanés du malt est moins facile. Cependant, le service peut recueillir dans les gares de départ et d'arrivée des indications utiles sur les envois suspects. Je compte sur sa perspicacité et sa vigilance pour rechercher et réprimer les abus qui pourraient se produire.

Exercice des brasseries pour le compte de l'octroi.

La loi de finances de 1899 n'apporte aucune modification à l'assiette des droits d'octroi sur les bières. La constatation et le recouvrement de l'impôt d'État et de la taxe communale ne doivent pas, nécessairement, s'effectuer sur les mêmes bases, et les modifications apportées à l'un n'ont pas de répercussion sur l'autre.

L'ancien régime différait déjà du régime des octrois sur les points essentiels : il organisait un impôt de fabrication assis, dans la plupart des cas, non sur la production effective, mais sur la capacité des chaudières de cuisson, et comportait un tarif atténué pour les bières fabriquées avec les moûts provenant du dernier lavage des drèches. L'octroi, au contraire, impose à l'effectif la portion de la production réservée à la consommation locale et ne fait aucune distinction entre la bière forte et la petite bière. Son service n'intervient dans les brasseries que dans le seul but de se prémunir, par la prise en charge de la production effective des usines, contre les mises en consommation non déclarées. Toutefois, les deux systèmes se rapprochaient suffisamment pour que les constatations du service de la Régie fussent utilisées soit à la tenue du compte d'entrepôt, soit pour la perception du droit local.

Désormais, au contraire, l'action du service de la Régie cessera, en général, de s'exercer au moment où les moûts en ébullition seront déversés soit dans les bacs rafraîchissoirs, soit sur les réfrigérants, et ce service n'aura plus à constater, dans l'intérêt du Trésor, le volume des bières fabriquées.

Les chefs divisionnaires auront à se mettre en rapport avec les autorités locales pour leur donner toutes les explications qui leur seraient utiles et les engager à prendre les mesures indispensables à la garantie des intérêts des finances communales.

Remboursement de l'impôt sur les bières exportées.

Le droit de fabrication est restitué sur les bières expédiées à l'étranger ou dans les colonies françaises. La somme à rembourser est calculée à raison de 50 centimes par degré-hectolitre, en re montant à la densité originelle du moût des bières présentées à l'exportation.

Le bénéfice de la restitution du droit intérieur n'est concédé qu'aux fabricants, et aucune expédition de bière à l'étranger ne peut être faite en dehors de la présence du service des contributions indirectes.

Le brasseur qui désire livrer des bières à l'exportation en fait la déclaration à la recette buraliste de sa résidence. Au vu de cette déclaration, les employés font connaître à l'intéressé le jour et l'heure auxquels il leur sera possible d'assister à l'enlèvement des boissons.

Dans cette fixation ils auront soin de concilier les exigences du service avec les convenances légitimes de l'exportateur et devront s'attacher à n'apporter aucune entrave aux transactions commerciales.

Au jour et à l'heure indiqués, les vases et vaisseaux contenant les bières à exporter seront réunis au même endroit et séparés des autres récipients de la brasserie. Toutes les opérations préliminaires qui peuvent être faites hors de la présence des employés doivent être effectuées à l'avance afin que ceux-ci puissent, sans perte de temps, procéder à leurs vérifications.

Les employés reconnaîtront avec soin le volume des bières et prélèveront, en présence du brasseur ou de son représentant autorisé de façon à obtenir la moyenne de la richesse du liquide, une quantité suffisante pour constituer trois échantillons d'un litre environ.

Ils dresseront, sur une formule n° 59 du service des sucres qu'ils modifieront à la main pour l'adapter à cet usage spécial, un procès-verbal de prélèvement (1er acte du modèle).

S'ils sont en mesure de déterminer sur place la densité originelle des moûts de bière, ils procéderont à cette expérience et en communiqueront le résultat à l'intéressé.

Lorsque celui-ci ne conteste pas le résultat de l'expérience, il remplit et signe séance tenante une mention manuscrite d'acceptation à consigner en marge du procès-verbal de prélèvement et le service se dispense de confectionner les échantillons. En cas de refus d'acceptation, le service prépare deux échantillons revêtus du son cachet et de celui de l'exportateur, en remet un à ce dernier et adresse le second à la Direction générale en même temps que le procès-verbal de prélèvement complété par le libellé du 2e acte du modèle, afin de faire régler le différend par le comité d'expertise.

Si la reconnaissance de la densité originelle ne peut être faite sur place, on introduit la prise d'essai dans trois bouteilles qu'on scelle du cachet de la Régie et de celui du brasseur. L'un des échantillons est remis à ce dernier ; le second est conservé pour être, le cas échéant, soumis à l'examen du comité d'expertise ; le troisième est transmis au laboratoire régional en même temps qu'une formule 20 H faisant connaître que le service désire savoir quelle est la densité originelle du produit.

Lorsque les résultats de l'analyse administrative lui sont notifiés, le service les soumet à l'acceptation de l'exportateur et, s'ils sont contestés, il remplit la 2e partie de la formule 59 et transmet cette formule, ainsi que le 3e échantillon mis en réserve, à la direction générale sous le timbre du « Bureau central, service des échantillons ».

La décision des commissaires-experts a un caractère définitif et sert de base au calcul des droits à restituer.

Dès qu'ils ont prélevé les échantillons de bière, les employés procèdent au scellement des vaisseaux. Les caisses sont scellées par des plombs ; les fûts et autres vaisseaux par l'apposition de cachets à la cire sur les bondes et les broches ou esquives.

Il est à prévoir qu'il ne sera pas toujours facile de protéger les cachets à la cire contre toute atteinte en cours de route et que, par suite, ce mode de scellement pourrait être jugé défectueux. Si cette hypothèse se réalisait, les exportateurs auraient à proposer et à faire agréer par les directeurs un mode de scellement présentant toutes les garanties désirables.

Lorsque le scellement est terminé, les agents de la régie complètent l'acquit-à-caution que le brasseur a levé préalablement au bureau de sa résidence par les indications suivantes :

1o Heure de l'enlèvement du chargement ;

2o Nombre, numéro et marque distinctive de chacun des colis à exporter ;

3° Empreintes figurant sur les cachets ou plomb :

4° Densité originelle (si cette densité a été reconstituée sur place et si elle est acceptée par le brasseur).

Les chargements doivent être conduits directement de l'usine au point de sortie dans les délais fixés pour le transport. Ils ne peuvent être admis au bénéfice du transit à l'intérieur du territoire.

Tous les frais qu'entraînent les prélèvements d'échantillons, leur transmission, soit au laboratoire régional, soit à la Direction générale en cas de recours à l'expertise et le scellement des vaisseaux sont supportés par le brasseur, tenu également de rembourser les frais de plombage à raison de 10 centimes par plomb apposé. Le cas échéant, il devra mettre à la disposition du service une table pour permettre de procéder aux expériences qu'entraîne la reconstitution de la densité des moûts à l'état de bière.

La circulaire n° 318 du 27 mai 1881 a tracé la marche à suivre pour reconstituer cette densité. (Voir la notice détaillée et les tableaux reproduits à la suite de la présente circulaire.)

Il s'agit d'une opération avec laquelle le service se familiarisera rapidement.

On soumet à la distillation, dans l'alambic d'essai, un volume déterminé de bière pour en reconnaître la richesse alcoolique. A cet effet, ce volume est soumis à une ébullition modérée. Les vapeurs qui se dégagent envahissent le serpentin de réfrigération et sont recueillies à l'état liquide. Dès qu'on a obtenu un peu moins de moitié du volume de la bière, afin d'être sûr de ne pas dépasser cette limite, on interrompt la distillation ; on introduit avec une pipette dans le liquide recueilli un peu d'eau pour régler exactement son volume à la moitié de celui de la bière distillée, et on en reconnaît la richesse à l'aide de l'alcoomètre et du thermomètre ; cette richesse est le double de celle de la bière ; on en prend dès lors la moitié.

On recueille les résidus de la distillation restant dans le ballon de l'alambic et, par une addition d'eau, on en règle le volume au volume initial de la bière. Après avoir agité le liquide pour le rendre bien homogène, on en reconnaît la densité à 15 degrés centigrades.

Si l'on ne pouvait ramener facilement à 15 degrés la température du liquide à essayer au densimètre, on en relèverait la température et on appliquerait aux indications densimétriques les corrections indiquées au tableau annexé au décret.

Le tableau C de la notice reproduite à la suite de la présente circulaire indique la correspondance entre la richesse alcoolique des bières et la densité originelle de la portion des moûts primitifs transformée en alcool. La densité des résidus a été constatée directement. Il suffit d'additionner les deux résultats pour avoir la densité initiale du moût qui est entré dans la préparation de la bière représentée.

Soit, par exemple, une expérience de distillation présentant les résultats suivants :

Degré d'enfoncement de l'alcoomètre.   .   9° 5
Température du liquide essayé.   .   .   .   16° 5
Richesse alcoolique correspondant à ces deux données, d'après la table annexée à la circulaire n° 295, du 11 août 1880 (1).   .   .   9° 3
Celle de la bière elle-même est de moitié, soit de   .   .   .   .   4° 65

En consultant le tableau C, on constate que la densité correspondant à cette richesse alcoolique est de (moyenne entre la densité correspondant à 4° 6 et celle s'appliquant à 4° 7).   .   .   .   .   3° 17
Si la densité des résidus reconnue à la température normale ou corrigée est de.   .   1° 03
la densité totale est de   .   .   .   .   .   .   4° 2

et c'est sur cette base que doit être établi le décompte des droits à restituer sur les bières exportées.

L'éprouvette de l'alambic Salleron n'est pas suffisamment grande pour qu'on puisse y introduire le densimètre en vue de constater la densité des résidus de la distillation. C'est donc un modèle spécial qui sera utilisé à la reconstitution de la densité originelle.

L'obligation d'assister à l'enlèvement de tous les chargements de bière livrés à l'exportation, de sceller les vaisseaux et récipients, de prendre des échantillons pour les essayer sur place ou les transmettre aux laboratoires et à l'Administration, constituera, pour certaines sections, un important surcroît de travail. Il se peut même que sur quelques points l'organisation actuelle soit insuffisante. Or, il importe que le commerce d'exportation ne soit entravé nulle part. Les directeurs constitueront d'urgence, s'il est nécessaire, des sections auxiliaires, et proposeront, sous le timbre du bureau compétent de la 1re division, les mesures d'organisation qui leur paraîtront s'imposer à titre permanent. Ils rechercheront quels sont, en raison du nombre des exportations et de la constitution des cadres, les postes auxquels on pourra confier le soin de reconstituer sur place la densité initiale des moûts et qu'il y aurait lieu, par suite, de pourvoir d'un alambic spécial et d'instruments (alcoomètres) gradués *au dixième de degré*. Ils transmettront au bureau du matériel les demandes nécessaires.

À l'arrivée des bières au point de sortie, l'acquit-à-caution qui les accompagne est remis aux agents des douanes.

Ceux-ci s'assurent que le scellement des colis est intact. Ils peuvent, au besoin, prélever des échantillons pour les soumettre à une analyse de contrôle.

Dans chaque poste il est tenu un relevé présentant, par exportateur, l'analyse des acquits-à-caution délivrés et la densité originelle applicable à chaque chargement. Sur la représentation des acquits régulièrement déchargés par le service des douanes, après constatation du passage des bières à l'étranger, les employés du point de départ établissent le décompte des droits à restituer d'après le volume et la densité reconnus.

Les directeurs continueront d'adresser à l'Admi-

nistration les propositions de restitution établies dans la forme habituelle. En plus des justifications ordinaires, ils placeront à l'appui de ces propositions un relevé certifié des densités applicables à chaque chargement. Il est bien entendu que ces chefs conservent le pouvoir que leur a conféré l'arrêté ministériel du 5 octobre 1896 d'autoriser les restitutions jusqu'à concurrence de 50 francs.

Les sommes revenant aux exportateurs leur seront payées comme par le passé après ordonnancement de la dépense. Elles seront calculées sur les bases anciennes pour les acquits levés avant la mise en vigueur de la loi et sur les bases nouvelles pour les titres de mouvement soumissionnés plus tard.

Pénalités.

L'article 16 de la loi de finances de 1899 fixe comme suit les pénalités que peuvent encourir les brasseurs, indépendamment des double et décuple taxes prévues par l'article 9.

L'emploi d'appareils clandestins, soit pour la saccharification, soit pour la cuisson des moûts, l'existence de tuyaux ou conduits dissimulés et non déclarés sont punis d'une amende de 3,000 à 10,000 fr.

En cas de récidive, l'amende est portée au double, et l'usine pourra être fermée pendant une période de six mois à un an.

Les autres infractions aux dispositions des articles 7 à 13 de la loi et du décret rendu pour son exécution sont punies d'une amende de 1,000 francs, sans préjudice du payement des droits fraudés.

L'article 19 de la loi du 29 mars 1897 relatif à l'admission des circonstances atténuantes n'est applicable qu'aux dispositions du paragraphe qui précède.

Période de transition.

L'article 29 du décret règle les difficultés que pourrait faire naître la liquidation du droit sur les brassins produits le jour même de l'application de la nouvelle loi en vertu de déclarations de fabrication reçues et enregistrées la veille dans les formes propres à l'ancien régime. La déclaration du contribuable constitue le véritable titre de perception de l'impôt ; la date de son enregistrement fixe le tarif à appliquer. En conséquence, les brassins déclarés avant la mise en vigueur de la loi resteront soumis à l'ancien mode d'imposition.

Il en serait de même si, à l'expiration de la période d'essai, le tarif de 0 fr. 50 était revisé. Le tarif nouveau ne s'appliquerait qu'aux brassins ayant fait l'objet de déclarations de fabrication enregistrées après l'expiration des délais de promulgation du décret de revision.

Recommandations générales.

La nouvelle loi va apporter dans les habitudes des contribuables et des employés de notables changements auxquels les uns et les autres peuvent n'être pas complètement préparés.

Le service, après s'être bien pénétré des dispositions de la loi et du décret ainsi que des instructions contenues dans la présente circulaire, s'attachera à éclairer les brasseurs sur la nature et l'étendue des obligations nouvelles qui leur sont imposées, à les guider dans l'accomplissement des prescriptions légales et à les amener, par une courtoise fermeté, à régulariser leur outillage aussi rapidement que possible. Il est à croire, d'ailleurs, que ces industriels se prêteront sans difficulté à toutes les mesures de contrôle qui peuvent assurer le succès de la réforme en pré-

(1) Voir les explications données dans le renvoi 1 (2e col.) de la page 25.

venant les abus et en maintenant une équitable répartition des charges budgétaires entre les contribuables de même catégorie.

Les chefs divisionnaires et les vérificateurs veilleront à ce que le service interprète sainement les instructions données dans la présente circulaire.

Je compte sur l'intelligence et le dévouement des employés de tous grades pour régler les difficultés de détail qui pourraient surgir et faire cesser les hésitations qui se produisent trop souvent lors de la mise en application d'un nouveau régime.

Je recommande aux directeurs de résoudre d'urgence et à titre provisoire toutes les questions qui réclameraient une prompte solution, sauf à rendre ultérieurement compte des faits à l'Administration et à lui demander des instructions particulières.

PROCÉDÉ POUR RECHERCHER LA DENSITÉ ORIGINELLE DES MOUTS FERMENTÉS

Distiller une quantité déterminée de moût ; au produit de la distillation ajouter de l'eau de manière à en ramener le volume à celui du moût essayé ; ramener également au même volume, par une addition d'eau, le résidu de la distillation ; constater séparément la densité de chacun de ces deux mélanges ; établir la différence qui existe entre la densité du liquide alcoolique et celle de l'eau. Au vu de cette différence, relever, dans une table de conversion dressée à cet effet (1), le poids spécifique des matières transformées en alcool ; enfin, à cette densité, ajouter la densité des résidus représentant celle des matières inertes et reconstituer ainsi la densité originelle du moût. Tel est le procédé en usage depuis longtemps dans le Royaume-Uni. Il repose sur ce fait que, comparée à la densité primitive, la densité d'un moût après fermentation est affaiblie du poids du sucre transformé en alcool et augmentée de la pesanteur spécifique de ce corps plus léger que l'eau.

Sous le titre *indication de l'alcool*, la table de correction dont il vient d'être parlé ne présente pas la richesse alcoolique du produit de la distillation additionné d'eau, mais la différence constatée entre la densité de ce produit et celle de l'eau, de sorte que, pour s'en servir, il faut connaître préalablement cette différence. En Angleterre, un densimètre spécial donne directement le poids spécifique des liquides alcooliques à tous les degrés ; mais le densimètre français, construit pour les liquides plus denses que l'eau, ne peut fournir cette indication. Pour l'obtenir autrement que par la pesée effective, ce qui est assez difficile dans la pratique, il faut d'abord, à l'aide de l'alcoomètre et du thermomètre, reconnaître le degré alcoolique du spiritueux et recourir ensuite à la table des densités actuellement en usage pour la pesée des liquides de l'espèce (2), table qui a été déduite des expériences de Gay-Lussac et insérée dans le Répertoire de chimie appliquée.

Afin d'abréger les calculs, l'Administration a fait dresser, au moyen des deux tables susmentionnées, une troisième table destinée à les remplacer. Cette table, qui est imprimée plus loin, page 26, sous la lettre C, présente, d'une part, la série des degrés alcooliques depuis 1/10e de degré jusqu'à 11°,9, et, d'autre part, en regard de chaque degré ou fraction de degré, la densité primitive de la portion du moût transformée en alcool. Elle ne diffère, quant à cette dernière indication, de la table

anglaise qu'en ce que les densités, au lieu d'être exprimées en grammes, y sont exprimées en décagrammes comme sur la tige du densimètre centésimal.

Les explications qui précèdent étaient nécessaires pour faire comprendre comment on parvient, sans autre instrument que l'alambic d'essai (système Salleron), le thermomètre, le densimètre et le tube gradué ordinaires, à reconstituer la densité originelle d'un moût fermenté.

L'ensemble des opérations à effectuer peut se résumer ainsi :

1° On remplit de moût fermenté la burette de l'alambic jusqu'au trait de jauge supérieur, et le contenu en est versé dans le ballon ou chaudière de l'appareil ;

2° On remplit une seconde fois la burette dans les mêmes conditions et l'on verse encore le liquide dans le ballon ;

3° On rince ensuite la burette avec un peu d'eau et l'on verse de nouveau cette petite quantité de liquide dans le ballon ;

4° Après avoir fermé le ballon avec le bouchon, après avoir rempli le réfrigérant [d'eau froide et replacé la burette sous le serpentin, on allume la lampe pour que l'appareil fonctionne ;

5° On distille ainsi en alimentant convenablement le réfrigérant jusqu'à ce que le liquide recueilli dans la burette parvienne un peu au-dessous du trait de jauge qui a servi à déterminer la quantité de matière à distiller ; puis, en y ajoutant un peu d'eau avec la pipette, on amène exactement le liquide au niveau du trait de jauge ;

6° On agite le mélange en renversant la burette sur la paume de la main ; on la laisse ensuite reposer quelques instants pour donner aux bulles d'air qui se sont formées le temps de disparaître ;

7° On plonge simultanément l'alcoomètre et le thermomètre dans le liquide et l'on prend note de leurs indications en tenant compte, à vue d'œil, s'il y a lieu, des demi-degrés accusés par l'un ou par l'autre de ces instruments ;

8° Au moyen de ces indications et des tables de richesse de Gay-Lussac qui accompagnent l'appareil, tables qui se trouvent aussi dans la circulaire n° 295, on détermine la richesse alcoolique du produit de la distillation ; mais, ainsi que l'explique la notice relative au fonctionnement de l'appareil, cette richesse est double de celle du liquide passé à l'alambic ; il faut donc en prendre la moitié pour obtenir le degré alcoolique cherché ;

9° Le résidu de la distillation resté dans le ballon est versé à son tour dans la burette que l'on remplit ainsi jusqu'au trait de jauge déjà indiqué. Ce premier volume est ensuite versé dans un tube d'une capacité au moins double de celle de la burette (le tube affecté à l'examen des huiles essentielles peut être ici utilisé) ;

10° On achève, s'il y a lieu, de vider le contenu

(1) Voir cette table, page 26 de la présente circulaire. Dressée par MM. A. Young et Forsey, agents supérieurs de l'*Excise* ; elle a été vérifiée et approuvée par les professeurs Graham, Hoffmann et Redwood.

(2) Voir cette table, page 26 de la présente circulaire (table B). Bien qu'elle eût pu être scindée, la table A ne s'appliquant qu'à des liquides dont la force alcoolique ne dépasse pas 12 degrés, l'Administration a pensé qu'il était utile de la donner tout entière.

du ballon dans la burette et l'on y ajoute de l'eau, de manière à compléter un volume de liquide égal au premier (1) ; ce second volume est ensuite réuni au premier dans le tube dont il vient d'être parlé ;

11° Si la température du liquide ainsi versé à deux reprises dans le tube dépasse 15 degrés, on la ramène à ce point en plongeant momentanément le tube dans de l'eau froide ;

12° On plonge enfin le densimètre dans le liquide et l'on prend note des degrés et fractions de degrés accusés par l'instrument.

Ces opérations terminées, on a tous les éléments nécessaires pour calculer la densité originelle du moût distillé. C'est ce que démontrent les exemples ci-après :

PREMIER EXEMPLE

Calcul opéré à l'aide des tables A et B

Soit 8° la force alcoolique réelle du moût soumis à la distillation (moitié de la richesse accusée par le produit obtenu) et un degré (au-dessus de 100 ou 1,010 grammes) la densité du résidu de la distillation. La table des densités des mélanges d'eau et d'alcool (table B) indique, pour la densité correspondante à 8° alcoométriques, 988.2 ; en retranchant ce chiffre de 1,000, densité de l'eau prise pour unité, la différence de 11.8 représente l'indication de l'alcool. Or, on voit par la table des densités primitives (table A) qu'à cette indication 11.8 correspond une densité de (en grammes) 53.3

A cette densité doit être ajoutée celle du résidu de la distillation 1°(en grammes) 10.0

TOTAL égal à la densité primitive du moût (6°,33 au-dessus de 100) 63.3

Le même résultat est donné directement par la table C en regard du degré alcoométrique 8.

Ce premier exemple n'est placé ici que pour montrer l'avantage que présente la table C sur les deux autres.

DEUXIÈME EXEMPLE

Ensemble des calculs à opérer au moyen des notes recueillies au cours des manipulations.

Degré d'enfoncement de l'alcoomètre dans le produit de la distillation. . . 9°,5

(1) Dans le cas où le contenu du ballon aurait été épuisé dans le premier mesurage, il faudrait néanmoins ajouter au liquide déjà versé dans le tube une quantité d'eau égale au volume de ce liquide.

Température du liquide au moment de l'observation. . . . . 16°,5

Richesse alcoolique correspondant à ces deux données d'après la table annexée à la circulaire n° 295 (1) . . . 9°,3

Le produit de la distillation accusant une richesse alcoolique réelle de 9°,3, celle du moût soumis à la distillation doit être de moitié, soit. . . . . 4°,6

Or, pour une richesse de 4°,6, la table C donne comme densité originelle de la portion de moût transformée en alcool (31.2 de la table A). . . . . . . 3°,12

Ajoutant la densité du résidu de la distillation soumis à l'épreuve du densimètre (2.25 au-dessus de 100). . . 2°,25

on trouve que la densité du moût essayé était, avant fermentation, de (1,053 gr. 7 ou 105 décag. 37). . . 5°,37

Lorsqu'on procédera à la distillation d'un moût de petite bière, il conviendra de prendre des précautions pour éviter que le liquide entrant en ébullition passe dans le serpentin avec les vapeurs alcooliques. Si le fait venait à se produire, on renverserait dans le ballon le liquide qui s'en serait ainsi échappé et, après y avoir ajouté une pincée de tanin, on recommencerait l'opération.

(1) On sait que les tables de Gay-Lussac, de même que celle qui est jointe à la circulaire n° 295, ne sont pas établies par fractions de degré. Mais il est facile de combler cette lacune. Quand les données de l'alcoomètre et celles du thermomètre comportent des fractions de degrés supérieures à 0°,5, il suffit de prendre la moyenne des résultats relevés sur la table pour le degré supérieur et pour le degré inférieur, tant pour la température que pour la force alcoolique. C'est ainsi que, dans l'exemple ci-dessus, pour obtenir, 9°,3, on a successivement posé :

9° à l'alcoom.	et à 16° de tempér.	—8°,9 de	richesse alcool.
9°	—	17°	—	8°,8	—
10°	—	16°	—	9°,9	—
10°	—	17°	—	9°,8	—

Total. . . . 37°,4

dont le quart est de. . . . . 9°,3.

Ces calculs montrent combien il est nécessaire, pour arriver à un résultat satisfaisant, de noter les fractions de degrés égales à 5/10 ; autrement on risquerait de s'écarter de la réalité. Ainsi, dans l'exemple ci-dessus, selon qu'on négligeant les fractions ou en forçant les unités on aurait compté le degré alcoolique à 9 ou 10 et celui de la température à 16 ou 17, on aurait trouvé 3°,02 ou 3°,32 au lieu de 3°,12.

TABLE A. — *Des degrés de a densité primitive correspondant aux degrés de l'indication de l'alcool.*

Degrés de l'indication de l'alcool.	Degrés de la densité primitive du moût.	Degrés de l'indication de l'alcool.	Degrés de la densité primitive du moût.	Degrés de l'indication de l'alcool.	Degrés de la densité primitive du moût.	Degrés de l'indication de l'alcool.	Degrés de la densité primitive du moût.	Degrés de l'indication de l'alcool.	Degrés de la densité primitive du moût.	Degrés de l'indication de l'alcool.	Degrés de la densité primitive du moût.	Degrés de l'indication de l'alcool.	Degrés de la densité primitive du moût.	Degrés de l'indication de l'alcool.	Degrés de la densité primitive du moût.
0.1	0.3	2.1	7.0	4.1	13.5	6.1	24.6	8.1	34.3	10.1	44.7	12.1	54.9	14.1	65.4
0.2	0.6	2.2	7.4	4.2	14.0	6.2	25.0	8.2	34.8	10.2	45.1	12.2	55.4	14.2	65.9
0.3	0.9	2.3	7.8	4.3	16.4	6.3	25.5	8.3	35.4	10.3	45.6	12.3	55.9	14.3	66.5
0.4	1.2	2.4	8.2	4.4	16.8	6.4	26.0	8.4	35.9	10.4	46.0	12.4	56.4	14.4	67.1
0.5	1.5	2.5	8.6	4.5	17.3	6.5	26.4	8.5	36.5	10.5	46.5	12.5	56.9	14.5	67.6
0.6	1.8	2.6	9.0	4.6	17.7	6.6	26.9	8.6	37.0	10.6	47.0	12.6	57.4	14.6	68.2
0.7	2.1	2.7	9.4	4.7	18.2	6.7	27.4	8.7	37.5	10.7	47.5	12.7	57.9	14.7	68.7
0.8	2.4	2.8	9.8	4.8	18.6	6.8	27.8	8.8	38.0	10.8	48.0	12.8	58.4	14.8	69.3
0.9	2.7	2.9	10.2	4.9	19.1	6.9	28.3	8.9	38.6	10.9	48.5	12.9	58.9	14.9	69.9
1.0	3.0	3.0	10.7	5.0	19.5	7.0	28.8	9.0	39.1	11.0	49.0	13.0	59.4	15.0	70.5
1.1	3.3	3.1	11.1	5.1	19.9	7.1	29.2	9.1	39.7	11.1	49.6	13.1	60.0	15.1	71.1
1.2	3.7	3.2	11.5	5.2	20.4	7.2	29.7	9.2	40.2	11.2	50.1	13.2	60.5	15.2	71.7
1.3	4.1	3.3	12.0	5.3	20.9	7.3	30.2	9.3	40.7	11.3	50.6	13.3	61.1	15.3	72.3
1.4	4.4	3.4	12.4	5.4	21.3	7.4	30.7	9.4	41.2	11.4	51.2	13.4	61.6	15.4	72.9
1.5	4.8	3.5	12.9	5.5	21.8	7.5	31.2	9.5	41.7	11.5	51.7	13.5	62.2	15.5	73.5
1.6	5.1	3.6	13.3	5.6	22.2	7.6	31.7	9.6	42.2	11.6	52.2	13.6	62.7	15.6	74.1
1.7	5.5	3.7	13.8	5.7	22.7	7.7	32.2	9.7	42.7	11.7	52.7	13.7	63.3	15.7	74.7
1.8	5.9	3.8	14.2	5.8	23.1	7.8	32.7	9.8	43.2	11.8	53.3	13.8	63.8	15.8	75.3
1.9	6.2	3.9	14.7	5.9	23.6	7.9	33.2	9.9	43.7	11.9	53.8	13.9	64.3	15.9	75.9
2.0	6.6	4.0	15.1	6.0	24.1	8.0	33.7	10.0	44.2	12.0	54.3	14.0	64.8	16.0	76.5

TABLE B. — *Densité des liquides alcooliques, d'après leur force à la température de 15° centigrades.*

Degrés de l'alcoomètre.	Densités des mélanges d'eau et d'alcool	Degrés de l'alcoomètre.	Densités des mélanges d'eau et d'alcool	Degrés de l'alcoomètre.	Densités des mélanges d'eau et d'alcool	Degrés de l'alcoomètre.	Densités des mélanges d'eau et d'alcool	Degrés de l'alcoomètre.	Densités des mélanges d'eau et d'alcool	Degrés de l'alcoomètre.	Densités des mélanges d'eau et d'alcool	Degrés de l'alcoomètre.	Densités des mélanges d'eau et d'alcool	Degrés de l'alcoomètre.	Densités des mélanges d'eau et d'alcool
0	999.1	13	982.4	26	969.2	39	953.0	52	930.1	65	901.9	78	869.1	91	830.5
1	997.6	14	981.3	27	968.2	40	951.5	53	928.1	66	899.6	79	866.4	92	827.1
2	996.1	15	980.8	28	967.1	41	949.9	54	926.1	67	897.2	80	863.7	93	823.5
3	994.7	16	979.4	29	966.0	42	948.3	55	924.0	68	894.8	81	861.0	94	819.9
4	993.3	17	978.4	30	964.9	43	946.6	56	921.9	69	892.4	82	858.2	95	816.1
5	992.0	18	977.4	31	963.7	44	944.9	57	919.8	70	889.9	83	855.3	96	812.1
6	990.7	19	976.5	32	962.5	45	943.2	58	917.7	71	887.4	84	852.4	97	807.9
7	989.4	20	975.5	33	961.3	46	941.4	59	915.5	72	884.9	85	849.5	98	803.5
8	988.2	21	974.5	34	960.0	47	939.6	60	913.3	73	882.3	86	846.5	99	798.9
9	987.0	22	973.4	35	958.7	48	937.8	61	911.1	74	879.7	87	843.5	100	794.0
10	985.8	23	972.4	36	957.3	49	935.9	62	908.8	75	877.1	88	840.4		
11	984.6	24	971.3	37	955.9	50	934.0	63	906.5	76	874.5	89	837.2		
12	983.5	25	970.3	38	954.5	51	932.1	64	904.2	77	871.8	90	833.9		

TABLE C. — *Indiquant la correspondance entre la richesse alcoolique des moûts de bières fermentés et la densité originelle de la portion des moûts primitifs transformée en alcool.*

Degrés alcooliques des moûts fermentés.	Degrés (au-dessus de 100) de la densité originelle du moût transformé.	Degrés alcooliques des moûts fermentés.	Degrés (au-dessus de 100) de la densité originelle du moût transformé.	Degrés alcooliques des moûts fermentés.	Degrés (au-dessus de 100) de la densité originelle du moût transformé.	Degrés alcooliques des moûts fermentés.	Degrés (au-dessus de 100) de la densité originelle du moût transformé.	Degrés alcooliques des moûts fermentés.	Degrés (au-dessus de 100) de la densité originelle du moût transformé.	Degrés alcooliques des moûts fermentés.	Degrés (au-dessus de 100) de la densité originelle du moût transformé.	Degrés alcooliques des moûts fermentés.	Degrés (au-dessus de 100) de la densité originelle du moût transformé.	Degrés alcooliques des moûts fermentés.	Degrés (au-dessus de 100) de la densité originelle du moût transformé.
0.1	0.33	1.6	1.20	3.1	2.18	4.6	3.12	6.1	4.17	7.6	5.12	9.1	6.05	10.6	7.05
0.2	0.37	1.7	1.20	3.2	2.22	4.7	3.22	6.2	4.22	7.7	5.17	9.2	6.11	10.7	7.11
0.3	0.44	1.8	1.33	3.3	2.31	4.8	3.27	6.3	4.27	7.8	5.22	9.3	6.16	10.8	7.17
0.4	0.48	1.9	1.42	3.4	2.36	4.9	3.32	6.4	4.37	7.9	5.27	9.4	6.22	10.9	7.23
0.5	0.55	2.0	1.47	3.5	2.41	5.0	3.37	6.5	4.42	8.0	5.33	9.5	6.27	11.0	7.29
0.6	0.59	2.1	1.55	3.6	2.50	5.1	3.48	6.6	4.44	8.1	5.43	9.6	6.38	11.1	7.35
0.7	0.66	2.2	1.60	3.7	2.55	5.2	3.55	6.7	4.56	8.2	5.49	9.7	6.43	11.2	7.41
0.8	0.70	2.3	1.68	3.8	2.64	5.3	3.59	6.8	4.60	8.3	5.54	9.8	6.48	11.3	7.47
0.9	0.78	2.4	1.73	3.9	2.69	5.4	3.70	6.9	4.65	8.4	5.59	9.9	6.54	11.4	7.53
1.0	0.82	2.5	1.77	4.0	2.74	5.5	3.75	7.0	4.70	8.5	5.64	10.0	6.59	11.5	7.65
1.1	0.90	2.6	1.86	4.1	2.83	5.6	3.80	7.1	4.80	8.6	5.74	10.1	6.71	11.6	7.71
1.2	0.94	2.7	1.91	4.2	2.88	5.7	3.91	7.2	4.85	8.7	5.79	10.2	6.76	11.7	7.77
1.3	1.02	2.8	1.99	4.3	2.92	5.8	3.97	7.3	4.90	8.8	5.84	10.3	6.82	11.8	7.83
1.4	1.07	2.9	2.04	4.4	3.02	5.9	4.02	7.4	4.96	8.9	5.89	10.4	6.87	11.9	7.89
1.5	1.15	3.0	2.09	4.5	3.07	6.0	4.07	7.5	5.01	9.0	5.94	10.5	6.93	12.0	7.95

CONTRIBUTIONS INDIRECTES

DÉPARTEMENT		RECETTE
		PARTICULIÈRE

DIRECTION

d

ANNÉE 189 .

SECTION

d

SOUS-DIRECTION

TRIMESTRE

d

N° 58.

PORTATIF

POUR L'EXERCICE DES BRASSERIES

Le présent Registre, contenant   feuillets, celui-ci compris, a été coté et parafé, à chacun desdits feuillets, par nous soussigné, Juge de paix d   pour servir aux Employés de la Régie des Contributions indirectes à la résidence d   à constater le résultat des exercices qu'ils feront dans les Brasseries.

A   ; ce   mil huit cent quatre-vingt-dix-

M. _____, Brasseur, et sa femme, demeurant à _____, rue _____, n° _____

LIBELLÉ DES ACTES	INDICATIONS RÉSULTANT DES DÉCLARATIONS DE MISE EN ŒUVRE				RECONNAISSANCE DES BRASSINS					NOMBRE DE DEGRÉS-HECTOLITRES PASSIBLES					POIDS des glucoses, mélasses, maltose, etc., mis en œuvre en brasserie.	NOMBRE de degrés-hectolitres fourni par les glucoses, etc.
	Numéro des déclarations	Leur date	Capacité totale des chaudières utilisées à la confection de chaque brassin.	Rendement déclaré pour chaque brassin.	Volume des moûts	Densité	Nombre de degrés-hectolitres	Excédents reconnus	Tant pour 100 des excédents	du simple droit (rendement déclaré)	du double droit (totalité des excédents supérieurs à 10 p. 100 et ne dépassant pas 15 p. 100)	DU TARIF DE 5 FRANCS				
												totalité des excédents supérieurs à 15 p. 100 et ne dépassant pas 20 p. 100	sur la totalité des brassins (Excédents supérieurs à 20 p. 100)	sur le montant des décharges partielles		
1	2	3	4	5	6	7	8	9	10	11	12	13	14	15	16	17

TABLE DES MATIÈRES

Pages.

Extrait de la loi de finances du 30 mai 1899. 3
Décret du 30 mai 1899. 5
Tableau des corrections à faire subir à la densité des moûts. 9
Abrogation de l'ancienne législation. 10
Assiette et quotité du droit. 10
Période d'essai. 10
Particuliers, collèges, maisons d'instruction et autres établissements publics fabriquant leurs bières 11
Immunité concédée aux propriétaires et fermiers. 11
Brasseries ambulantes. 11
Enseigne. 11
Déclaration de profession. 11
Communications intérieures. 11
Visites et exercices. 11
Déclaration de contenance des vaisseaux et appareils. 12
Agencement des usines et de l'outillage. 13
Déclarations de fabrication. 14
Définition du brassin. 15
Période légale de reconnaissance. 15
Décharges partielles. 16
Contrôle du résultat des fabrications par le poids des matières premières et par la reconnaissance
    du volume et de la densité du produit des trempes de saccharification. 16
Reconnaissance du volume des moûts. 17
Reconnaissance de la densité des moûts. 18
Excédents de fabrication. — Décompte des droits dus. 19
Validité des actes signés par un seul employé. 20
Registre des brasseurs. 20
Suspension de la fabrication en cas d'accident. 20
Mélasses, glucoses, maltose, etc., employées à la fabrication de la bière. 20
Exercice des brasseries au profit de l'octroi. 21
Remboursement de l'impôt sur les bières exportées. 21
Pénalités. 23
Période de transition. 23
Recommandations générales. 23
Procédé pour rechercher la densité originelle des moûts fermentés. 24
Modèle de portatif n° 58. 27

LIBRAIRIE ADMINISTRATIVE P. OUDIN

4, RUE DE L'ÉPERON, A POITIERS

BIBLIOTHÈQUE DES EMPLOYÉS DES CONTRIBUTIONS INDIRECTES

ANNUAIRE DE L'ADMIN. DES CONTRIBUTIONS INDIRECTES. 1 vol. gr. in-8°.

JOURNAL DES CONTRIB. IND. hebdomadaire.

RECUEIL CHRON. DES LOIS ET INSTRUCT. DES CONTRIB. IND., DES TABACS ET DES OCTROIS. 9 vol.

TABLE ANALYTIQUE DE JUGEMENTS ET ARRÊTS rendus en matière de Contributions indirectes. 1 vol. grand in-8°.

DICTIONNAIRE GÉNÉRAL ou Manuel alphabétique des Contrib. indir., des Octrois et des Manufact. de l'État. Un vol. in-4° avec suppléments.

COLLECTION DE COMPTABILITÉ. 2 vol. in-8°.

COURS DE COMPTABILITÉ. 1 vol. gr. in-8°.

COURS DU CONTENTIEUX. 2 vol. in-8°.

TRAITÉ DU CONTENTIEUX ADMINISTRATIF. 2 vol. in-32, avec supplément.

GUIDE PRATIQUE POUR LA RÉDACTION DES PROCÈS-VERBAUX ET LA TENUE DU CONTENTIEUX. 1 vol. gr. in-8°.

TRAITÉ DE JURISPRUDENCE GÉNÉRALE en matière de Contributions indirectes. 2 vol. in-8°.

CODE DU MARCHAND EN GROS, au point de vue de l'impôt. 2 vol. in-32 avec suppl.

MANUEL DU RECEV. BURAL. 1 vol. in-8°.

TABLEAUX SYNOPTIQUES, à l'usage des receveurs buralistes. 1 vol. in-8°.

TRAITÉ DES ACQ.-A-CAUTION. 1 vol.gr. in-8°.

MANUEL DU SERVICE DES SUCRES. 1 vol. gr. in-8°.

SUCRAGE DES VINS ET DES CIDRES AVANT FERMENTATION. 1 br. gr. in-8°.

MANUEL DES DISTILLERIES. 1 vol. in-8°.

INSTRUCTIONS SUR LE SERVICE DES DISTILLERIES. Un vol. in-32.

DISTILLERIES. Règlement B du 15 avril 1881. Broch. in-32.

BOISSONS FERMENTÉES. ALCOOLS ET VINAIGRES (Notions élémentaires). 1 v. gr. in-8°.

INDUSTRIES AGRICOLES (les), brasserie, sucrerie, distillerie. 1 vol. gr. in-8°.

MANUEL SCIENTIFIQUE, à l'usage des aspirants au surnumérariat des contributions indirectes. 1 vol. gr. in-8°.

NOTIONS D'ÉCONOMIE POLITIQUE, D'INSTRUCTION CIVIQUE ET DE DROIT CIVIL. 1 vol. in-8°.

NOTICE SUR L'INDUSTRIE STÉARIQUE ET LA FABRICATION DES BOUGIES. 1 br. in-8°.

GUIDE PRATIQUE DU COMMIS DE DIRECTION chargé du service des acq.-à-caut. 1 br. in-32.

CONTRÔLE DES OUVRAGES D'OR ET D'ARGENT ET DES POINÇONS DE GARANTIE antérieurement au 19 brumaire an VI Un vol. in-8.

ALMANACH DES CONTRIB. INDIR. 1 br. in-8°.

ALGÉRIE, CODE DES CONTRIBUTIONS DIVERSES. 1 fort vol. gr. in-8.

LES CONTRIB. DIVERSES ET LES CONTRIB. DIR. EN ALGÉRIE. Broch. gr. in-8°.

TARIFS DES DROITS DE CIRCULATION, DE CONSOMMAT. ET DE DÉTAIL. Broch. in-8°.

BARÈME SIMPLIFIÉ DU DROIT DE CONSOMMATION, sur une seule feuille.

DÉCOMPTE DES REMISES AUX BURALISTES. 1 br. in-8°.

ALCOOLS DÉNATURÉS (le régime des) au point de vue de l'impôt. 1 vol. in-8°. » 75

DICTIONNAIRE DES TARIFS en vigueur dans l'Adm. des Contrib. ind. 1 vol. in-32.

LES VOITURES PUBLIQUES (règlements et tarifs). 1 vol. gr. in-8°.

CATALOGUE MÉTHOD. DES CIRCUL. ET INSTRUCT. DE L'ADMINIST. Br. gr. in-8° avec sup.

RÉPERTOIRE DES MODÈLES DE L'ADMINISTRATION. Broch. gr. in-8.

MANUEL DE CHIMIE PRATIQUE (Vins et spiritueux). 1 br. in-12.

INSTRUCTION PRATIQUE POUR L'ANALYSE DES VINS et la détermination du mouillage et du vinage. 1 br. grand in-8°.

BARÈME DE LA RÉGIE ET DES NÉGOCIANTS EN GROS. 1 forte broch. gr. in-8°.

MULTIPLICATEUR RAPIDE, suivi de la Déduction à 6, 7 et 8 0/0. Broch. gr. in-8°

CARNET DE RECENSEMENTS. 1 vol. in-12.

NOUVEAU LIVRET DE RECENSEMENTS, ou vade-mecum du jaugeur. 1 vol. in-16.

TRAITÉ MÉTHODIQUE ET PRATIQUE DU JAUGEAGE. Broch. in-12.

CARNET DES DÉDUCTIONS allouées aux march. en gros, bouilleurs, etc. 1 vol. in-16.

RECENSEMENTS ET DÉDUCTIONS. — Nouveau carnet de recensements et de déductions, contenant : 1° des comptes faits pour les recensements jusqu'à 20 hectolitres ; 2° le tableau des déductions allouées aux marchands en gros à raison de 6, 7 et 8 %, jusqu'à 90.000 hectolitres; 3° un traité de jaugeage. 1 vol. in-32 très portatif, avec rel. souple.

THÉORIE DU 50 D. 1 br. in-16.

CARNET VÉRIFICATEUR de l'état 55 et du 50 D. 1 piqûre in-12.

ON TROUVE A LA MÊME LIBRAIRIE :

MANUEL DES OCTROIS. 1 vol. gr. in-8°.

MEMENTO DE L'EMPL. D'OCTROI. 1 vol. in-8°.

CLEF DE L'ORTHOGRAPHE selon l'Académie. 1 vol. in-18.

LES INDIRECTS. TYPES ADMIN 1 v. in-18.

LOI SUR L'IVRESSE PUBLIQUE.

LIVRE-BARÈMES, contenant : 1° Barème de multiplications ; 2° Caisses d'épargne ; 3° Revenu pour cent des rentes sur États français et étrangers. 1 vol. in-8°.

GUIDE DU PHOTOGRAPHE AMATEUR. 1 broch. in-18.

La librairie P. Oudin se charge spécialement de l'édition des ouvrages relatifs à toutes les administrations, soit en les *publiant à son compte*, soit en les *vendant au compte des auteurs*, soit simplement en les *imprimant à leur compte*. Publicité spéciale permettant de procurer aux ouvrages leur maximum de diffusion.

IMPRESSIONS DE TOUTE NATURE, TOUTES RELIURES, FABRIQUE DE REGISTRES

Le Catalogue est expédié **franco** sur demande affranchie.

www.ingramcontent.com/pod-product-compliance
Lightning Source LLC
Chambersburg PA
CBHW060812280326
41934CB00010B/2660

* 9 7 8 2 0 1 1 2 7 3 1 2 3 *